ВОЈИСЛАВ СТАМЕНКОВИЋ

ХОД ПО ОШТРИЦИ ЖИЛЕТА

2010. ГОДИНЕ

ВОЈИСЛАВ СТАМЕНКОВИЋ

РОМАН

2010. ГОДИНЕ

Аутор
ВОЈИСЛАВ СТАМЕНКОВИЋ
ХОД ПО ОШТРИЦИ ЖИЛЕТА

Издавач
УДРУЖЕЊЕ ПИСАЦА СРБИЈЕ
За издавача – председник
МАРКО КЕШЕЉ, песник

За издавачки савет – председник
Проф. др МИЛАН Ђ. ПЛАВШИЋ, песник

Главни и одговорни уредник
МИЛУТИН ХИНИЋ, песник

Лектура
НИКОЛА ЗЕЧАР

Ппприпрема за штампу
ДРАГАН СТАМЕНКОВИЋ

Прелом текста
ДРАГАН ЛАЗАРЕВИЋ-ЛАЗА

Штампа
Ротатива, Београд

Тираж 100
ИСБН 978-86-81011-92-8

ПРВИ ДЕО 13

ДРУГИ ДЕО 65

КАРАБИН 73

БУВА У ПИСМУ 99

"ФЕНИКС" 101

ПРЕПРЕДЕНИ НЕПРИЈАТЕЉ...................103

МАЈКУ МУ ЦИГАНСКУ 107

ПАКЛЕНА МАШИНА 109

ЧОВЕК КОЈИ ЈЕ ПРИСЛУШКИВАО СВОГ
ПРЕДСЕДНИКА ДРЖАВЕ 113

ДОЧЕК КАКАВ НИГДЕ НИЈЕ ВИЂЕН.............115

ИЗРЕШЕТАНЕ БУБНЕ ОПНЕ 118

ШПИЈУНИМА СЕ НЕ ОПРАШТА...............119

ОБЕЗБЕДИТИ ДОСТОЈАНСТВЕНУ ТУГУ, БОЛ И
ИСПРАЋАЈ 121

НЕУДАТА А ТРУДНА 123

НИ ВРУЋЕ НИ ХЛАДНО 125

ПЕНСИ-НЕДОВРШЕНА ПРАТЊА...............127

НАГРАДЕ И ПРИЗНАЊА.............................129

БЕЛЕШКЕ О ПИСЦУ 147

 брату Радивоју

ПРЕДГОВОР

Роман је настао на основу биографије Радивоја Стаменковића-Радета. У њему су изнета животна достигнућа главног јунака романа, Радета.

Ово је покушај да се на један схватљив и по могућности допадљив начин, кроз причу изнесу најбитнији подаци о јунаку романа и његове основне активности у служби безбедности.

Аутор је настојао да што боље, живо и непосредно опише и прикаже борбу "рат" који су водили припадници службе безбедности. Специфичан рат у миру и то корак по корак, из месеца у месец. То је тајни рат, за чије добијене или изгубљене битке јавност не зна, ни данас не зна. Обични смртни људи такав рат нису водили. Њега воде само стручни, специјално школовани за то.

Тајне од којих зависи наш свакидашњи живот, нису у далеким пространствима, у густим прашумама, у тајанственом свемиру, оне су ту око нас.

Тајне од којих понекад зависи и наша судбина, не треба тражити далеко од нас, оне су увек око нас али сакривене.

Иза тих тајни стоје људи који скривено и недозвољеним средствима раде против нашег свакодневног живота и наших судбина. Који чине штету народу и држави. Који су агресивни, опаки, безобзирни и опасни.

Са тим људима и против њиховог недозвољеног деловања борила се и Контраобавештајна служба у којој је радио главни јунак романа а то је Служба безбедности ЈНА.

Тајну представља и то што ми о тим људима не знамо, они су нам непознати. Служба безбедности је та која може и мора проникнути у те тајне, открити те људе ради мира и наше сигурности.

То су тајне силе које настоје да управљају нама. Када човек чује, ТАЈНЕ СИЛЕ, обузима га страх. Тајне силе се могу савладати само знањем.

Када се све сазна о њима, када их открију, онда више нису тајне а нису ни силе. Управо то је врховни задатак службе безбедности.

А за то је потребно много рада, пуно времена, личне пожртвованости и ризиковање личне безбедности а понекад и живота.

У роману је уграђена проверена историјска-стварна документованост, али не буквално већ литерално, слободније изражено, са тежњом да фактографски подаци не угуше биографску литералну структуру романа.

Све је то стављено на папир да би се осветлили успех и резултати које је главни јунак постигао у служби и професији које је изабрао. Он је драмска окосница романа. То је суштина коју дело носи.

Поред тога намера писца била је и да отме нешто од пролазности. Да сачува оно што не може трошно људско тело, јер, писана реч сједињује прошлост и садашњост, садашњост и будућност, пролазно с трајним, тренутно с вечношћу...

Код писања посебно се настојало да текст зрачи живошћу и непосредношћу, са надом да ће баш то књигу чинити занимљивом и лако читљивом.

АУТОР

ПРВИ ДЕО

Био је почетак месеца августа, негде око поднева. Аутобус стаде на раскрсници, усред села, ту је његова станица. Из аутобуса излази човек у војној униформи. Млад, прав и повисок. Униформа нова, сјаји, бљеште ознаке старешине ЈНА (Југословенска народна армија). Млад старешина, тек је завршио војно школовање. Баци поглед према прозору родитељске куће која је одатле удаљена само стотинак метара. Прозор је окренут према раскрсници. У време када треба да стигне аутобус обично се неко од укућана нађе крај прозора а најчешће мама Живана која се увек радовала гостима. Њено гостопримство је увек било искрено и великодушно.

Човек у униформи носи коферче у руци, иде према кући и угледа маму Живану на прозору. Радостан и насмејан све више убрзава кораке гледајући у њу. Она га препозна, засија од радости, озари се. Журно изађе из куће, стаде испред капије, мајчински рашири руке и упита:

- Ти ли си Радивојо?! – и прими га у загрљај.

Она обриса сузе радоснице па се измаче мало уназад. Гледа у њега и не може да га се нагледа. То је њен најмлађи син Радивоје.

Радивоје Стаменковић по завршетку војног школовања, дошао је кући на свој први годишњи одмор.

Скупише се укућани, сви радосни и весели као да је нека свечаност. Окружили су га са топлином и посебном пажњом. Свако од њих жели да му угоди. Поносни су на њега, гледају га и у себи мисле : "Он је сада личност, војна личност – старешина, то не може бити свако." Он осећа да је порастао у њиховим очима, израстао у зрелог човека. То му прија, драго му је, то је његов лични тренутак, најлепши тренутак. Али још не може да се привикне да је он сада "државни" човек како се тада говорило у његовом крају за оне људе који раде у државној служби.

***

Одатле, из свог родног села Црквице он је отишао на школовање које га је одвело у војну школу. То је било десетак година раније. Отишао је као дечак а вратио се као зрео младић са дипломом свршеног војног старешине.

Дошао је у родитељски дом, да код родитеља проведе годишњи одмор а после тога одлази на службу у ЈНА.

Радивоје, тај сеоски дечачић, при крају четвртог разреда основне школе размишљао је, односно маштао својом дечјом маштом шта ће он бити кад порасте.

Видео је и гледао људе око себе од угледа и поштовања. То су били поп, учитељ и шумар, људи од ауторитета. Он није знао за тај појам али је видео да његови сељани слушају те људе, питају их и траже савете за нека важна питања из живота и тим људима верују. Због свега тога желео је да постане и буде у животу баш као они. Тада је само толики био његов животни видокруг, своје село и нешто шира околина.

Понекад је био луцидан. Још пре основне школе када је имао четири–пет година почео је да имитира одрасле, сам, без ичијег наговора и упута.

Кад се са татом или мамом нашао у друштву старијих, па чак и оних најстаријих, гледајући њих знао је да пружи руку на поздрав, да се рукује, баш онако како то раде тата, мама и други старији. То је чинио када су ишли у госте, у посету некоме, у пролазу и слично.

У школи је био међу напреднијим у знању, у слободним активностима, у коришћењу и раду библиотеке, међу првима. Понекад, када је учитељ на кратко морао бити одсутан, по налогу учитеља

Радивоје га је замењивао у обнављању градива са ђацима.

Посебно је показивао интерес и испољавао жељу за играње шаха. Шах је учио од учитеља. Играјући често са њим био је све бољи и бољи и себе је толико усавршио у тој игри да је почео побеђивати и самог учитеља.

Учитељ је њему дозвољавао кад год жели може понети шаховску таблу са собом па је Радивоје играо шах и са другима у селу. Сељани су причали и знали ко је добар шахиста међу њима, најбољи међу добрима. То је Радивоје!

Њега се могло често видети како са шахом испод мишке иде кроз село код некога да одиграју партију шаха. Раније није било шаха у његовом селу, па се, поред учитеља, може и он сматрати за онога који је допринео развијању љубави према тој духовној и племенитој игри у свом селу, игри шаха.

Са тим и још неким другим способностима Радивоје је још тада показивао да му његове духовне могућности дају моћ да своја сазнања и оно што је научио успешно примени у животу.

Ту моћ је и тада и касније у свом животу користио у савлађивању тешкоћа које живот доноси.

Све то заједно зове се интелигенција.

***

Одласком у Бојник на даље школовање у више разреде осмољетке а потом у Лесковцу у гимназији, Раде шири своје видике на друштво и свет. Тамо сазнаје за неке професије и школе које може да упише.

Тата Влајко је уз помоћ пријатеља и познаника пронашао стан за њега негде на крају града. Одвојен од родитеља и укућана, доласком у нову средину у Лесковцу понекад је био и усамљен.

Тако је стицајем прилика имао времена да размишља о себи, о животу, о свему.

И, када је после много размишљања изабрао свој будући позив, позив којег је с обзиром на своје године живота најмање разумео – војни позив, решио је да упише војну школу.

Војна служба је за њега била велика и дубока скрама његове непознате будућности. Једино што је знао то је да војска брани отаџбину.

На одлуку да упише војну школу утицало је много тога :

Прво и најпре породична традиција. Отац Влајко био је добровољац у Топличком устанку. Најстарији брат Будимир био је партизански борац. Такође старији брат Властимир био је резервни старешина, исто тако старији брат Војислав завршио је војну Академију и служи у ЈНА као активно војно лице.

Утицала је такође и општа традиција у његовом крају где се војник високо цени и о коме се с поштовањем говори и певају песме.

И коначно један од мотива је и тај што је војно школовање бесплатно. Раде је из вишечлане сеоске породице чије имовно стање не би могло поднети даље и дуже школовање у цивилу.

Решио је да о избору своје будуће професије упозна родитеље и укућане, да им саопшти своју одлуку. У овом случају поступио је мудро, јер само сазнање да се нешто не зна то је већи део мудрости.

Једном за време гимназијских ферија – школског распуста, Раде је искористио прилику кад су сви укућани били на окупу, да им изнесе своје жеље и намере о свом даљем школовању и да чује њихово мишљење.

Њему је заиста стало до њихове сагласности са његовом одлуком а нарочито до подршке од стране родитеља. Отац и мајка ће сигурно најбоље знати да ли је његова одлука добра и веровао је да ће они искрено рећи шта мисле о његовој одлуци. Раде је такође знао да ће они поред свих неизбежних разлога узети у обзир и његову жељу.

Са великом знатижељом и одређеном мером стрепње он гледа право у очи родитељима. Отац Влајко је знао да је домовина само једна као и живот, да је отаджбина само једна као и мајка. Служити одбрани домовине то је највећа част.

Из ових и још неких разлога он је био добровољац у Топличком устанку 1917. године, када је имао нешто више година него што сада има његов син Раде. Све ове мисли су сада тата Влајку прошле кроз главу. Погледао је у Радивоја и рекао :

- Ја се слажем с твојом одлуком. Изабрао си добру службу – државну, и мислим да је то стварно добро.

Радету је било драго и одмах му је лакнуло али не сасвим. Упро је поглед у мама Живану. Да ли ће она одобрити његову одлуку и прихватити његову жељу?

Мама Живана се сећа. Муж јој је као добровољац у устанку одведен у бугарско заробљеништво. Тамо је у нехуманим, немогућим и нељудским условима на вађењу соли из Црног мора, радио бос, као заробљеник без икакве заштите, па је дошло до озледа прстију на оба стопала. Прсте је изгризла морска со и дошло је до гангрене па су прсти морали бити одрезани, такође на нехуман начин, на живо, без анестезије. Тако је он постао ратни војни инвалид.

Син Будимир је погинуо у последњем рату 1944. године као партизан у борби против Бугара – окупатора. Она је за сином Будимиром исплакала све сузе које је имала.

Син Војислав се већ налази као војни старешина, у сталној војној служби, далеко од ње.

А сада и најмлађи син Раде жели да и он крене својим путем, такође на далеки пут, на своје школовање у далеки свет. Изабрао је и он да буде вечити војник.

Раде гледа у њен благи поглед, у њено племенито лице и чека шта ће она да каже. Он памти тај тренутак и дан – данас. Гледа је и размишља : "Шта је она све преживела, претрпела и пропатила. Имала је бол колико човек икада може осетити. Мама Живана, онако шланг и висока, саздана је од херојског материјала." Раде гледа у њу и осећа мајчину топлину. Он већ зна да мајка даје топлину а отац више светлости – путоказ у животу.

Сви чекају шта ће она рећи.

Мајке се за своју децу више везују пожртвовањем него задовољством. Њено лице обасја осмејак са сузама ганутости па упита:

- Је ли то школовање одговара и твојим жељама?

- Да мама – одговори јасно и уверљиво Раде.

- Е па, нека ти је са срећом, али и ти ћеш ми бити далеко – рече мама Живана одлучно и храбро али помало и са сетом.

Раде показа осмејак среће на лицу. Он је мама Живани тада и заувек био захвалан на томе.

***

Кад је стигао у Артиљеријску подофицирску школу у Задру, Радетов живот се од тада много изменио. Нашао се далеко од родног краја, од својих укућана, рођака и пријатеља. Стигао је чак на море. Мама Живана је била у праву. Отишао је заиста далеко, са крајњег југоистока на средишњи северозапад државе.

Море, Далмација, нова средина, нови обичаји, војни колектив, нови доживљаји, нови живот. Све је ново. Колико интересантно, толико и чудно. Много тога је први пут видео и сазнао док је дошао до Задра. Али, чини се да он воли изазове, воли промене, уживао је у свему томе.

До Ријеке дошао је возом. Од Ријеке до Задра бродом. У задарску луку на пристаниште стигао је увече. Из масе путника који су сишли са брода издвоји се неколико младића и приђоше двојици милиционера који су стајали на пристаништу, питајући их за војну школу и како се долази до ње.

Један од милиционера рече:

-Сачекајте док путници сиђу са брода па ће вас мој колега одвести до војне школе. Ноћ је, да не лутате.

Младићи се до тада нису познавали, па су чекајући, искористили прилику да се кроз разговор упознају и дознају ко је откуда дошао.

Милиционер их је довео до капије, до стражара на улазу у касарну где ће их прихватити дежурни официр. Ушли су у касарну и чекају испред зграде дежурног официра.

Било је десет сати увече када је Раде ступио у касарну први пут у животу.

Раднице из школске мензе за питомце завршиле су рад за тај дан и појединачно или у групама напуштају касарну, одлазе кући. Прва међу њима, лепа и згодна, иде према вратима зграде дежурног официра, која се налази на излазу из касарне, иде да се јави ради евиденције када је изашла из касарне. И таман да уђе, један младић из групе, вероватно неки шерет, рече :

-Ау, каква мачка! Када би хтела са мном... да прошета?

Она је знала да су то будући питомци, пристижу већ неколико дана, па зар су већ толико слободни и дрски. Стаде, окрену се према њему па гласно и строго подвикну :

-Еј младићу, друже, па како се то понашаш?

Ово је круг касарне!

А други се на то јави, па онако из мрака, у шаљивом тону рече :

-Другарице, ово није круг него квадрат – то је био Раде.

На то је цела група праснула у смех.

Ова добацивања и смех су, онако већ уморну и нерасположену другарицу, избацили из такта, па је почела претећи и нервозно, помало и хистерично да виче као да је увређена:

-Сад ћу ја позвати дежурног официра па ћете видети свога бога!!

Чувши галаму и вику дежурни официр се појави на вратима. Другарица се пожали на будуће питомце и показа руком на онога што је први добацивао.

Дежурни официр је смиреним тоном рекао :

-Ви сте сада војни питомци и као такви морате имати примерно понашање. А сада пожурите у мензу да вечерате, да вас послуже сервирке док нису отишле. Курир, одведи их. И сачекајте ме тамо, ето мене одмах!

Претходно им је узео путне објаве које су добили од Војног одсека да би допутовали у школу. Такав је био први Радетов контакт са касарном.

Раде је почео да живи војничким животом. Животом где постоји строго одређени ред, планирани темпо рада и где се тражи и сваки дан захтева све већа и већа брзина. До подне наставници држе наставу а после подне је организовано самостално учење, такозвано самоучење. И то сваки дан сем недеље и празником, а субота је предвиђена за уређење и чишћење просторија и купање питомаца.

Иако изгледа да су дани испуњени обавезама до последњег минута ипак није тако. Планирани су и одмори после ручка, и слободне активности поподне после самоучења до одласка на вечеру. А после вечере до повечерја – до одласка на спавање, питомци проводе време по свом нахођењу и личном избору.

У овако разноврсном садржају, рад и живот у војној школи испуњава целог човека и неприметно али постепено обликује и ствара психофизички снажну и духовно јаку личност. Раде се успешно уклапа у такав рад и живот, све више се навикава на дисциплину и видно напредује.

За Радета, који је о војничком животу знао врло мало и врло магловито, сада је то за њега значило ново откриће.

Не само у школи у касарни, него и рад на терену, на логоровањима, на вежбалиштима и војним полигонима, стварали су од Радета чврсту војну личност. Он све више постаје вешт и окретан у војним вештинама.

Војно школовање је систематично, континуирано, и свестрано. Половина школовања већ је прошло, може се рећи протутњало. А Раде се већ осећа као чврст и стамен војник.

Дежурни у батерији (основна формацијска јединица у артиљерији) чита пристиглу пошту. Време пред ручак. Ускоро ће се чути команда за постројавање. Дежурни жури са читањем. Прозван је и Раде. Узима писмо и одлази на зборно место. Обрће га и гледа ко шаље. Сребренка Латиновић из Бојника. Талас задовољства прође кроз цело његово биће а радост му озари лице. Добио је писмо од девојке, од своје симпатије, школске другарице.

То је враголасти девојчурак, с развијеном маштом. Шта ли пише? Живо га интересује али он ће то читати после ручка, на тенане, са уживањем.

Поподневни одмор. Раде лежи на свом кревету, лицем окренут према зиду. У мислима је искључио све присутне у спаваоници, ставио се у изолацију и дискрецију а сва своја чула усмерио на текст који чита. Сва њена писма су слична једно другом. Читајући садржај на час се врати у прву младост.

Види њих двоје како иду на сеоски сабор Горешњак у суседно село. Ишли су пречицом преко ливаде и газили росну траву која одише јутарњом свежином. Њени су образи светло – бели а посути руменилом боје јагоде. Била је тако лепа и свежа као да је украла росу са траве.

Враћајући се кући са сабора, издвојени само њих двоје, то је у Радету будило љубавна осећања и развијало симпатије и љубав према њој. Раде је поседовао душевну ведрину, он се живо трудио око ње.

Њих двоје, млади, чили и орни били су срећни и мислили су да младост никада неће проћи. Свега тога се сећа и кроз главу му иду те слике упоредо са мислима.

Он јој такође пише писма како би остао у најприснијем додиру са њеним мислима са којима

се слагао и уважавао их а која су била да се они
воле.

***

Ускоро ће школовање бити завршено,
приближава се и тај дан. Дају се последњи завршни
испити. Питомци су ментално ангажовани до
крајњих граница. Читавих месец дана низали су се
испит за испитом. Поред теорије, полагали су се и
практични испити на терену. Не само менталних и
психичких, питомци су имали и физичких напора.

Али њихова младост, привикнути и извежбани за
војнички живот и рад, као и њихова велика жеља да
постану војне старешине и руководиоци, учинили
су да они све те обавезе и оптерећења поднесу
релативно добро и без проблема.

Људи увек узимају ствари са оне стране којом
оне одговарају њиховим жељама.

На крилима истинског осећања о својој светлој
будућности, питомци савлађују све препреке пред
собом. А осећање да се успешно положе сви испити
преовладало је сва друга осећања. Што се испити
ближе крају, све више их хвата занос о срећи која
им се смеши. То су били тренуци њиховог заноса и
великих планова.

Раде је са свима био добар друг. Између њега и
његових другова развило се племенито другарство.
Али, најбољи друг и пријатељ му је био питомац
Миле Трбогазов, Македонац. Младић је био

26

свестран. Бавио се спортом – пливањем. Био је добар у друштвеним играма, умео је добро да плеше, посебно да игра народна кола. Велики друг и племенит пријатељ. Раде је тежио да има што више пријатеља. Као да је већ тада у тим својим годинама знао, да су две праве и највеће човекове несреће; немати здравља и немати пријатеља.

Између испита, недељом су излазили у град. Раде и његов најбољи пријатељ Трбогазов шетају градом и разговарају. Највише о преосталим испитима који следе. Њима се чини и, они мисле; сада кад заврше школу да је завршено са свим напорима, мукама и стрепњама.

Да ће после у животу све ићи лакше. Такво мишљење код ђака старо је колико и свет школе, од када постоје школе, настава и испити.

Шетају градом и присећају се, сада на крају како им је изгледао почетак војног школовања. Како им је тада изгледао град Задар и људи у њему. Тада, из незнања, поздрављали су сва униформисана лица. Поред војних старешина поздрављали су и ватрогасце. Сада, када су стекли доста војног знања и постали професионалци, то им изгледа не само чудно него и смешно.

Сада познају град у прсте, сваки његов кутак. Сећају се главног шеталишта "Калеларга" па високог бедема "Мурај" и све стазе на њему, где су најчешће шетали млади, момци и девојке, како парови тако и слободни. Са тих стаза, дубоко у памћењу су им и оне слободне девојке које су они загледавали, очијукали и добацивали им нежне шале и лепе речи; "Добар дан лепотице, добро вече најлепше цуре у граду, примате ли нас у друштво, носимо вам најлепши поздрав од онога кога ви добро познајете" и тако даље. Памте и парк "Владимир Назор" поред кошаркашког клуба "Задар". Носе успомену из чувеног плесњака "Кромпир башта".

На свим тим сусретима и забавама било је успешних контаката а било је и неуспешних, па чак и комичних, таквих, који их и сада терају на смех.

***

Сви испити су успешно положени. Дипломе су подељене, наредба о унапређењу прочитана. Школовање је завршено.

Радост се разлила као поплава, настало је усхићење до делиријума. Питомци, сада већ старешине, осећали су се лагани као да имају крила и само што не полете од радости и среће.

Раде је добио распоред у Дубровник, где ће се јавити после годишњег одмора.

Еуфорија среће још увек траје а долази тренутак растанка са друговима, који ће, хтели они или не, унети зрнце туге у њихове душе. Свако од њих ће се сећати лепоте њиховог другарства која ће им зрачити топлину и грејати их кад год се сете војних питомаца из Задра, својих школских другова.

Нове старешинске униформе, на њима ознаке чина и рода војске сјаје златножутом бојом. Они се већ осећају одговорним према униформи коју носе што показују својим држањем и понашањем. Поносно корачају уздигнуте главе и ведра лица са којег раскошно зрачи задовољство. У разговору испољавају снажан младалачки дух. Одлазе на годишњи одмор код својих родитеља, ради чега су срећни оном нарочитом срећом пре среће.

***

Годишњи одмор је истекао. Дошло време да се Раде јави на службу. Опет мора да се растаје са својим најмилијима. Сада служба зове. Припрема се за пут, сутра полази.

Освануо је сунчан дан, сви укућани су на ногама и ужурбани. До првог септембра када треба да се јави у команду остала су још три дана. Дан је сунчан, леп и топао. Иако је дан ведар и пријатан, на укућане не делује тако. Код њих је, ради растанка, приметна сета, а највише код мама Живане. Она, увек кад испраћа некога од својих најмилијих, у срцу осети тугу, ону мајчинску, осети као да одлази негде далеко и део ње. Она прати најдуже од свих укућана, до на крај села. Мама Живана је имала и има често таквих испраћаја и код сваког испраћаја неког од својих укућана, са њим је одлазио и део ње саме. Где су њени најмилији, ту је и она, са својим мислима и осећањима.

Најпре је пратила најстаријег сина Будимира у рат и за њим патила. Пратила је и кћерку Босиљку која се далеко удала. И остале синове : Властимира пратила далеко у војску, Војислава у војну школу а затим на службу, Божидара у војску. А ево сада и најмлађег сина Радета испраћа на службу. Често је говорила : "Раде ми је најдаље."

Човек би реко навикла се она на испраћаје, али није тако. Сваки растанак она преживљава дубоко у души, целим својим бићем. Иначе, као што је познато, сви растанци су непријатни.

Ево и сада мама Живана испраћа Радета до реке на крају села. Испраћа га у Коњувце, суседно село, општинско место одакле полази аутобус, боље рећи камион са церадом у коме су постављене клупе за путнике.

Полазе од куће, иду наниже кроз село. Ништа не разговарају, реч пресахла а грла им се суше и стежу. Долазе до реке и ту стају. Поздрављају се и грле. Мама му жели срећан пут и све најбоље, додајући: "Чувај ми се." Раде прелази преко брвна и већ је на другој страни реке. Окрене се и гледа у њу. Она стоји на истом месту, види јој лице уоквирено марамом тамне боје са погледом упереним на пут који води за Коњувце и који се губи у даљини и нестаје са њеног видика. Раде се окрену још једанпут, она му маше руком. Стоји ту на месту непомична са погледом прикованим за Радета све док није замако иза кривине и високих кукуруза где га води пут. И кад га више не види она ту стоји још неколико тренутака и гледа у празну даљину желећи да још једном види свога сина, али то је сада немогуће јер је зашао иза високих усева који се налазе и са једне и са друге стране пута. Само је тихо уздахнула и неодлучно кренула кући.

***

Раде се јавио војној команди у Дубровнику одакле су га упутили на службу у артиљеријску јединицу у саставу морнаричкодесантне пешадије ратне морнарице у Кумбор, најмање место у широј околини. С једне стране су брда а с друге море.

Ту у Кумбору је започео службу и војну каријеру. Заправо, он је требало да служи у гарнизону "Дубровник" где је првобитном наредбом и одређен, али непажњом персоналног органа Команде у Дубровнику, грешком је послат у Кумбор, замењен са неким. Накнадно је Раде сазнао за то када више нису могле да се врше персоналне исправке, па је тако за стално остао у Кумбору. Звучи невероватно али је истинито.

Јавио се у јединицу противтенковске артиљерије на дужност командира топовског одељења. Поред војничке дужности артиљерца задужен је и за културно забавни рад при војничком клубу.

Одмах на почетку службовања одговорно је прионуо на посао. Сада у пракси треба да спроведе и покаже све што је научио у школи. Са послом који ће обављати био је задовољан. Посебно је волео рад са људима. За тај посао имао је склоности и дара.

Раде је човек велике упорности, и све што је био кадар да учини, учинио је. Такав однос према раду, у почетку док још није имао искуства, много му је помогао у служби. Још у самом почетку он се издизао изнад свог друштва у коме живи и ради и околине у којој борави, зато што је био оштроумнији па је његов поглед на службу и живот био дубљи и оштрији од њиховог.

Међутим, он није увек био задовољан животом у том малом месту Кумбору, па је то своје незадовољство разрешавао и потирао помоћу хумора и ироније. После службе – после радног времена, дакле у његово слободно време, ово мало место не пружа неке велике забаве и разоноде и не може да задовољи све интересе и прохтеве младих.

То незадовољство је управо због тога што је добио прву службу у тако малом месту. Али, био је стрпљив и био је свестан да неко мора бити на служби и у тако малом месту. Војно лице мора да ради и живи тамо где захтева потреба војне службе. То је учио и то је знао.

За Радета опет има новине. Нашао се у саставу морнаричкодесантне јединице. То су јединице ратне морнарице, претежно, за поморски десант и борбу на копну. Дакле, морнаричка пешадија у организацијском саставу обалских снага ратне морнарице.

Он у артиљеријској школи, као школи копнене војске, учио је само начелно, основне податке, о ратној морнарици, ради свог општевојног образовања. Зато сада мора индивидуално и преко војно – стручне наставе у јединици и практичне обуке на мору и копну, да изучава теорију и праксу борбених дејстава морнаричкодесантних јединица. У склопу тих дејстава, треба да изучава и намену, улогу и задатак своје јединице – противтенковске артиљерије.

***

За време четири године колико је Раде службовао у Кумбору, сваке године је изводио по неколико практичних вежби, мањих и већих на мору и копну, ближих и даљих, у саставу морнаричкодесантних јединица ратне морнарице. Вршили су поморске десанте на сва северна и јужна острва на Јадрану, насељена и ненасељена.

То су специфичне вежбе и специфична дејства, врло сложене борбене радње које захтевају врхунску оспособљеност и велику увежбаност сваког појединца, старешине и војника, у миру и у рату.

Кроз вежбе се војници навикавају до аутоматизма, не само на радње и поступке које плански треба да предузимају, већ и на оне непредвидљиве ситуације и моменте, да их, као људска бића, као личности поднесу и преживе, да их савладају, па и оне најтеже – опасне по живот. Једноставно речено кроз вежбе се челиче.

Раде је сваку вежбу дубоко проживљавао, учио и памтио али је прву најдубље осетио и највише запамтио. Много тога је било ново и непознато, до тада недоживљено. За њега је прва вежба била сва у ишчекивању. На почетку је побуђивала неодољиву радозналост за будуће доживљаје на мору, на бродовима и амфибијама. За њега је то, како се у војсци каже, било ватрено крштење.

Полази се на вежбу. У детаље је регулисано ко, шта и када ради. Све је под командом осим ћуди мора и прилика на пучини. Па тако под војном командом нису немири мора и морски таласи који настају и делују по сили стихије, понекад са огромном снагом и стравичном силином. А неретко настају изненада, и брзо достигну претећу рушилачку снагу која се поиграва бродовима и амфибијским транспортерима као да су они од лаганог перца.

Почело је укрцавање. Радетова јединица са противтенковским топовима укрцава се у десантне бродове.

Јединице за поморски десант формирали су десантни конвој са задатком : Извршити десант на острво Корчула.

Маршрута, пловни пут којим ће се пловни састав кретати је: од рејона отпловљења – Кумбор Бока Которска до рејона дејства – острво Корчула.

***

Конвој је кренуо. Пловидба је почела. Морнари и војници под пуном ратном опремом одлазе на вежбу ради стицања борбених вештина у циљу јачања борбене готовости сваког појединца и јединице у целини и читавог морнаричког и војничког састава.

Срећно су испловили из луке и кренули на задатак. Временска прогноза и хидролошки услови обећавали су мирну пловидбу. Мирно море и сунчан дан утицали су на морнаре и војнике и стварали позитивно расположење. Пловидба је текла беспрекорно.

Није се прошла ни трећина пловног пута, а небо се изненада, изнад мора замрачило из којег је пљуснула киша и настала права провала облака удружена са олујом. Море се узбуркало, бура је дизала бродове и амфибије на врхове таласа, нагињала лево и десно, безмало до превртања. Да топови нису причвршћени за дно и странице бродова они би поиспадали у море. Олујно невреме и огромни таласи хучали су стравично и злокобно.

Људство је мучила морска болест. Болест која настаје за време путовања морем а поготово кад влада невреме. Лица су им бледа, мука им је и повраћају.

Истини за вољу ни Радету није било све једно. У тим часовима страшног невремена размишљао је како од тог злослутног невремена зависи његова судбина, па и много више од тога, питање живота и смрти. Било је стравично. Била је то борба на живот и смрт.

"О, каква је то моја судбина? Како ме случај довео баш у ову јединицу? Страшно невреме. Живот и смрт сада корачају заједно. Па зар море да ми буде гробница? "-пролећу му мисли кроз главу.

Код Радета се појави страх. Ништа чудно, живот је у питању. Ужасан страх га је ухватио, а лице му је бледо као лимун. Али он , пун енергије и пркоса, одлучио је да истраје. Код њега се осећала и видела одлучност да савлада страх, да се бори. Његова решеност уносила је спокој у тај немир. Могло би се рећи да му се храброст меша са дрскошћу.

Раде се присети како су на крају војног школовања, он и његови другови мислили да су учење, алгебра, артиљеријска математика, и остали предмети и завршни испити били тешки и да ће после све у животу бити лакше. Сада се уверио да је све то било илузија. Страшно је ово сада, ова силна непогода која прети смрћу, са којом се треба изборити, коју треба победити .

Паде му напамет да у овој драматичној ситуацији он није сам, он је део целине – своје јединице. Он је старешина. Војници у овим тренуцима гледају у њега као у сунце, треба их охрабрити својим држањем. Он се сада бори против двеју сила; силе невремена и хаоса и против свог ужасног страха.

У том хаосу десио се несрећан случај у конвоју преврнуо се десантни брод којом приликом је нестало девет људи. Командант конвоја наредио је да се цео састав – цео конвој врати у гарнизон Кумбор. Одустало се од вежбе. Већина људства у конвоју, у оном мраку од облака, кише и морских таласа, није ни приметила да се враћају назад у касарну. Када су дошли у Кумбор и у своје касарне не мало су се изненадили. Тада су сви сазнали за несрећан случај због кога су се и вратили.

Раде је у тој муци и неизвесности, својим држањем и бригом, успео да спаси људство и сачува технику. Успео је да код војника улије и одржи веру у спасење, да спречи панику. Успео је да им ојача вољу и снагу за опстанак, за борбу са невременом.

Он је мирне савести, као командир топовског одељења, са задовољством известио свог претпостављеног да је његово целокупно људство стигло у касарну без повреде и сва техника без оштећења.

***

Анализом несрећног случаја установљено је и утврђено, да је до несреће дошло непредузимањем правовремених мера и поступака предвиђених у таквим условима пловидбе, односно у неповољним и крајње лошим временским условима. А свему томе је допринела недисциплина и самовољно понашање људства на том пловилу.

После десетак дана поново се кренуло истом маршрутом на исти задатак, на острво Корчула. Вежба је трајала месец дана. За све време трајања вежбе боравило се на том острву.

***

-Добар дан лепа цуро! – војнички громко рече Раде.

Девојка је била сагнуте главе, занета око плетења венчића од траве и ретких цветића који ничу и расту ту и тамо на обали, баш ту где она чува пар оваца и две – три козе. Кад је чула оштар глас, од изненађења, нагло је подигла главу и рекла :

-Асте ме припали.

Раде се осмехујући рече :

-Извините нисам имао намеру да вас препаднем – па настави :

-А чиме се ви то мучите и забављате?

-Мучим се са стадом а забављам се пољским цвићем плетећи овај венчић.

-За кога плетете тај лепи венчић? Да није можда за драгог, за свог момка?

-Још ја нимам момка.

-А, па тако лепа и згодна девојка да нема момка, то вам не верујем.

-Могла сам, али... нисам тила.

-Чудно, и штета, мислим за младиће.

-А каква штета?

-Па таква што млада и лепа девојка као што сте ви, мучи момке не дозвољавајући да јој приђу.

-А... нисам ја мучитељка. Не познате ви мене.

Раде се насмеја на ову њену искреност, која му добро дође па храбро и сугестивно рече:

-Па заиста добро би било да се упознамо. Ја сам Раде Стаменковић – и пружи јој руку.

Она прихвати његову руку па тихим гласом и срамежљиво рече :

-Ја сам Маре Тубин.

Ово је био тренутак када је Раде у себи преломио и одлучио да је чешће виђа, ако може сваки дан.

Он је заиста имао среће када је одабрао данашњи дан после подне да изврши извиђање терена на обали за будуће увежбавање свога одељења.

Онако затегнут опасачем а на опасачу пиштољ, у ратној униформи са дубоким теренским чизмама, преко рамена командирска кожна торбица, корачао је супериорно и деловао импозантно, личио је на правог ратника.

У себи је осећао неку снагу која му је давала сигурност у свему па и у контакту са другима. Тако је срео младо девојче Маре са којом је био изузетно разговорљив, речит и сугестиван. Успео је да договори са њом будуће састанке. Због тога је веома задовољан, па чак и срећан.

Утолико је веће задовољство код Радета што је он случајно срео пастирицу која га је својим изгледом и умилним држањем одушевила. Кад размишља, по повратку у војни логор – камп, сусрет са пастирицом изгледа му чаробан. Њено стадо оваца и коза у крајолику – приморском кршу, који је обасјан сунцем, које пламса на светлим и сјајним небесима. Лето руди, трава изђикала. Доживљај за памћење.

Маре, девојка са острва, тог тренутка била је само младо и лепо људско створење. Она није богзна како образована, то се види. У души она је само чобаница. Али је имала дражесан осмех, била је заиста слатка. Они стоје и разговарају, тако су близу једно другом. Њему се испуњавају момачки снови а њој девојачка маштања. То је права романтика. Снови постају стварност.

Била је лепа, витка, по мало стидљива. Њене похотљиве ноге дискретно сакривене њеном лепршавом сукњицом, узнемириле су Радета. А била је наивна, умиљата као мачка.

Све је то Раде уочио на првом сусрету. Њен лик, шарм и читава појава га не напуштају, стално су му пред очима, и често се састаје са њом.

Када је срео острвљанку – пастирицу, која му се касније наметала, сетио се своје девојке Сребренке из Бојника. Он се дописује са њом али сада са мање жара. Далеко од ока – далеко од срца. Даљина је учинила своје. Он јој увек одговара да је воли и да мисли на њу. Али, то није било потпуно искрено, то је само упола истина.

Маре је, као жена са острва, онако горштачки, одлучно и јасно рекла Радету да јој се он свиђа и да би са њим свуда пошла. Та њена изјава била је искрена, сасвим искрена, простодушна али и наивна. У том тренутку била је посебно расположена и весела као птица на грани. Лице јој је имало боју црвене руже и млека а густа коса боју кестена, па је то изгледало као богати колаж на некој уметничкој слици.

Раде се тек замомчио и није му падало напамет да има дуготрајну везу са било којом девојком. Маре и Раде су се након месец дана растали без договора о даљој њиховој љубавној вези јер је он отишао са острва.

***

У канцеларији код команданта су : официр за персоналне послове, официр за политички рад и непосредни старешина артиљеријске јединице. Они разматрају са командантом, кога да пошаљу у Загреб на курс везе ради усавршавања по вези за потребе артиљеријске јединице. Њих четворица одлучиће ко ће бити тај старешина.

Он би требало да буде млад и перспективан, дисциплинован и одговоран. Такав који својом способношћу даје гаранције да ће успешно завршити курс. Старешина који ће моћи после тога да обавља дужност по вези у артиљеријској јединици. Он ће као добар артиљерац бити и добар везиста у артиљерији.

Непосредни старешина артиљеријске јединице узима реч :

-Тренутно најпогоднији од мојих старешина је Стаменковић.

-Ко је тај? Је ли то онај нови? – упита персоналац.

-Да. Дошао је пре годину и по дана из школе у Задру.

-Како се показао до сада? – пита командант.

-Командир је топовског одељења. Стручан је и добро руководи одељењем. Иначе, школу је завршио са врло добрим успехом.

-Како се уклопио у колектив? – настави командант.

Сасвим добро. Колектив га је добро примио и прихватио. Дружељубив је. У колективу је цењен.

-Сасвим добро се показао и на пољу културно – забавног рада при војничком клубу – огласи се официр за политички рад.

-Ја као његов првопретпостављени могу рећи да се на досадашњим вежбама показао веома добро.

Официр за политички рад се надовезује :

-Војници његовог оделења га хвале, цене га и воле.

-Да ли је досада похваљиван? – интересује се командант.

-Усмено да! За писмене похвале још је рано. Тек је годину и нешто у јединици. – одговори његов претпостављени.

После шире анализе одлука је донета да се у Загреб на курс везе пошаље командир топовског одељења Радивоје Стаменковић.

***

Раде је био задовољан и поносан што је, баш он испред свих осталих, био изабран за усавршавање. Тако му се пружа могућност да стекне и прошири знање и о другом роду војске.

Веза је нервни систем армије. Ниједан род војске, ниједна савремена армија не може успешно да функционише без употребе везе.

Веза, то је велики систем и у друштву и у армији. Веза у рату некад значи опстанак и победу над непријатељем. Веза у артиљерији потребна је сваког часа. Управљање ватром, вршење коректуре, пренос ватре, садејство са пешадијом, и ради многих других радњи и активности артиљерије.

У артиљерији веза мора да удовољи свим тим потребама артиљерије. Како, на који начин и када? То мора да изучи Раде, да се усаврши. Треба да научи да веза мора бити поуздана да би артиљерија успешно дејствовала.

***

Раде иде у Загреб размишљајући о чудним путевима судбине : "Ја који сам недавно дошао из школе, идем на усавршавање. Тиме се мени отварају више путева и веће шансе за напредовање у служби. Стећи ћу свестрано опште и војно-стручно   образовање. Проширићу своје знање и лакше се сналазити у пракси"...

Он је из једног малог места дошао у велики град. Тргови и улице пространи, ноћу раскошно осветљени. Излози у продавницама препуни робе, такође осветљени јарким разнобојним светлима. Препуне улице мноштвом народа. Живот у граду као да ври. Све то на први поглед изгледа нестварно, као из бајке. У свему томе Раде је посебно уживао.

То да је баш он одабран и одређен да иде на курс и сва та уживања давали су му подстицај и стимулацију, у њему се развијала јака воља да успешно савлада програм курса. Курс је трајао неколико месеци и он га је завршио са просечном врло добром оценом.

У свој гарнизон Кумбор у Боки Которској вратио се из Загреба са ширим и богатијим знањем и већим животним искуством. Поносно и ведра лица показао је свом старешини диплому са усавршавања, са курса везе.

***

Личи на лабудово крило, на срп као млад месец, као да се дуга после кише спустила на камен и воду, као да је газела прекорачила реку.

Није то лабудово крило , ни срп младог месеца, ни дуга после кише, него је то на немирној и плаховитој реци Неретви мост од камена. По њему је град добио име – Мостар.

Овај мост траје близу четиристо година. Изградио га је турски мајстор Хајретин 1566. године. Ниско доле, на његовој стопи, коју често вода преплави, ситним словима урезао је у камен своје име – Хајретин.

Прича о овом мосту преносила се од уста до уста као о осмом чуду света, као чуду из маште. По том мосту, Мостар је постао необичан и занимљив град.

Усред зиме, у јануару 1961. године, Раде је дошао у тај град. Јавио се на службу у касарну "Јужни логор". Примио је дужност командира топовског одељења. Задужен је и за политички рад. Радио је и по вези.

Мостар је један од лепих градова. Пун је занимљивости.

Богат је различитостима са много унутрашњих контраста. Један део, један крај града је савременог изгледа а други крај је, уз одређене напоре и намере људи, сачувао стари историјски изглед из прошлости.

Код каменог моста има старих дућана, магазе, кафане. Са обе стране моста има занатске радње. Постоји чаршија, калдрма, сокаци, ћепеници.

А све се ово развило и дошло отуда што је градитељ овог моста био песник. Својом руком исписао је на Неретви песму у камену. Од камена је начинио метафору, млад месец на небу послужио му је као узор.

За младе су нарочито интересантни и омиљени делови града као што су корзо – шеталиште од јавног купатила и хотела "Неретва" преко Титовог моста до стазе уздисаја "Рондо", село Илићи, врело Радобље. Шетња каменим – старим мостом и одлазак у Пећину и кафиће око моста у којима се послужење врши по старим обредима. Излети на Буну.

Није било младића и девојке а да нису знали за плесне сале : на железничкој станици, сала на руднику, Дом ЈНА, студентски Дом, предионица памука у Врапчићима.

Мостар је чувен и по богатом зеленилу и по реци Неретви која је бистра као суза али и плаховита грабљивица купача.

Раде је из Кумбора дошао у такав град који га је својом лепотом и богатством разноликостима од прве освојио и одушевио.

Он се у Мостару претставио као Раде.

***

У том граду живела је девојка Неда Борозан. Лепа, згодна, привлачна и поносна.

За њу Раде није знао али је очекивао да ће у оволиком граду његов приватни живот бити много садржајнији и богатији, са пуно забаве и разоноде. Неду није познавао али је кроз време упознао неке људе и стекао пријатеље и познанике. Међу познаницима нашла се девојка Момирка која је познавала и Радета и Неду. Она се потрудила да их упозна па их је једном згодном приликом представила једно другом.

Упознавање је било уобичајено. Момирка показа руком "Ово је Неда, моја пријатељица, а ово је Раде! "

-Ја сам Неда.

Он прихвати њену руку и узврати :

-Ја сам Раде – држећи њену руку у својој, мало се наклони и са задовољством изјави да му је драго.

Сусрет је био кратак али довољан да њих двоје закажу свој први састанак. Међутим, њихов први састанак није се остварио – није успео.

Раде је стајао у крај пута на уговорено место и чекао. Било је вече, људи су пролазили, међу њима и Неда која га је из далека уочила и очекивала да јој пође у сусрет, да се помери с места, да јој да неки знак, да јој се јави... Не. Он је стајао непомично чак и кад је она прошла тик поред њега.

У њој се јави неки пркос, више љутња, њоме је завладао понос. "Да ли се он то поиграва са мном", помислила је. Прошла је поред њега и није му се јавила.

Време се одужило, он упорно чека. Када је, са закашњењем схватио да му се Неда није јавила – није дошла, тада га ухвати нека чежња. То је за њега био горак и мучан моменат. Желео је да буде њен витез.

Договор је био искрен и са њене и са његове стране. Не види разлог зашто не би дошла. Не зна шта је спречило да дође. Како сад да ступи у контакт са њом?

Овај проблем је решио првом приликом када је срео познаницу Момирку. Мислећи да Неда није дошла на састанак, збуњено и зачуђено упита :

-Момирка, Неда и ја нисмо се срели, није дошла. Да ли ти је познато зашто?

-Не знам. Од онда када сам вас двоје међусобно упознала ја је нисам видела.

-Шта је могло да је спречи? упита сам себе.

-Дуго је и прилично познајем и знам да је од речи. Искрена је и није превртљива – одговори Момирка на његово питање па настави :

-Отићи ћу до ње. Видећу у чему је ствар и јавићу ти.

После неколико дана Момирка је срела Радета и рекла му :

-Неда је излазила на заказан састанак. Видела те како стојиш, прошла је поред тебе, само што те није закачила а ти ниси реаговао и ако си гледао према њој.

-Ма није могуће, како је нисам видео.

-Она тврди да си гледао у њу али ниси ни мрднуо, као да ниси био заинтересован.

-Ма како да нисам заинтересован. Да нисам, па не бих је тако дуго чекао да се појави.

-А колико си дуго чекао?

-Најмање петнаест минута преко заказаног времена. Али, сигурно је нисам препознао, било је вече.

-Него, знаш шта јаране мој – оштро ће Момирка – успела сам да је наговорим да се још једном покушате састати. Зато се нацртај у четвртак на истом месту у исто време. Доћи ћу и ја са њом да би је ти препознао. А онда вас напуштам и остављам саме, голупчићи моји.

Када је Момирка рекла да дуго познаје Неду, да је она од речи и да је искрена, Раде је поверовао да је она заиста дошла и вероватно прошла поред њега али је он није препознао. И поред тога што је није препознао, у њему није пресахла нада да ће је други пут боље упознати и зближити се са њом.

Недин понос и њено достојанство даје му повода да буде упоран и да ће својим добрим понашањем придобити Неду за себе. Иако га је тај неспоразум ожалостио, он је гајио наду на успех.

Он мисли да ће својом смелошћу и уз помоћ среће, код ње изазвати симпатије према себи и освојити Неду.

***

За други сусрет Неда је обукла тамноружичасту хаљину, а те боје истичу белину њеног врата, лепоту лица, сјај косе.

Састали су се. Раде као да прикупља мисли. Као да у себи одабире речи шта ће рећи Неди, пазећи да је не увреди.

Желећи да буде уверљив у својим искреним и поштеним намерама, да је увери да заиста говори истину када ће јој рећи да је није препознао, њему потекоше речи, он изговара заклетву а она га гледа право у очи и процењује истинитост његових речи.

-Нећете ми веровати, кунем се, верујте ми на реч, нисам вас препознао – Раде стави руку на своје груди, на срце.

-Кад сам се приближила гледали сте право у мене. Није могуће да ме нисте препознали?! – наглашено рече Неда.

Док је она говорила он је у дну душе мислио само на једно : како да оправда грешку и задобије Недино поверење, па јасно и уверљиво рече :

-Поред мене су прошле три – четири групе људи и више особа појединачно. Ви сте сигурно били у некој групи. Можда вас због тога нисам приметио?

-Случајно сам сустигла неку групу баш када сам се приближила вама али сам ишла са стране, одвојено од њих.

Те њене речи су му као бљесак муње осветлиле стање ствари и његову грешку.

-Ето видите, било је вече, ишли сте поред неке групе а ја сам очекивао да се појавите сами па нисам ни поклањао пажње групама које су пролазиле.

-Ваш изговор изгледа логичан али је необјашњиво како нисте приметили особу која је на пола метра прошла поред вас – рече Неда сумњичаво.

-Па да, то је зато што на групе нисам ни обраћао пажњу. Мој поглед је био изнад група, уперен на појединачне особе које су ишле иза њих. У томе је моја грешка.

Он тврди да је заиста није препознао а она сумња у то. Истина се вероватно налази негде у средини. А тај моменат је веома важан за њихове будуће међусобне односе.

То што је он рекао да је његова грешка, утицало је на њу да прихвати то образложење. Када је Неда прихватила његово оправдање, Раде је осетио неку тиху радост и олакшање.

Познанство са Недом било је од пресудног значаја за његов будући живот. Она је са собом носила пламен светле будућности.

***

У првим сусретима Раде је од Неде тражио само нежности, што је она и показивала према њему. Али је и он према њој био пажљив, исказивао поштовање и пружао нежности.

Док су се шетали одједном се небо наоблачило, зацрнило се. Небо као да се провалило, удари пљусак. Шетали су улицом где су биле ретке стамбене зграде, тек се стварало ново насеље. Као за инат у близини није било ни једне зграде где би могли да се склоне у хаустор или испод балкона. Испред њих је било неко стабло са разгранатом крошњом. Потрчаше и склонише се испод дрвета. Док су трчали до дрвета Раде је тада први пут пригрлио Неду штитећи је од кише. Баш тада су, за време пљуска, испод стабла онако загрљени прешли на ти. Грле се уверени да само они постоје на овом свету.

Тако, када се шетају , он понекад нехајно – махинално, стави руку на њено раме, загрли је. Иду тако и вероватно размишљају како је живот леп али га људи понекад кваре.

Раде се труди да према Неди буде предусретљив и насмејан. Беспоштедно је даривао погледима заљубљености. И поред велике симпатије на први поглед, он није заборављао да жене живе на слабостима мушкараца, које откривају лукавством.

Зато је пазио да не буде превише снисходљив, да се не понизи.

Редовно се састају , његово срце је испуњено слатким надама и радује се љубави која се рађа међу њима. Раде просипа медене речи. Он хоће да привуче сваки делић Недине пажње на себе. Њена лепота је била лепршава. Лице јој је љупко и нежно као душа а титраве очи биле су увек пуне жара који је распламсавао љубав међу њима. Очаран, опијен најлепшим надама, осећао се срећним. Сваким даном све боље су се упознавали и све више зближавали. При сусретима увек га је обрадовала љубазним осмехом и била раздрагана.

Неда је увек била насмејана. Смејала се очима сунчаног и ведрог неба. Њен девојачки смех ширио се као ветар.

Код Радета се младалачке ватре почеше распламсавати. Већ на трећем – четвртом састанку љубав се потпуно распламсала. Те вечери зачела се љубав између њега и Неде. Снажна љубав. Али, на први покушај пољупца она се одупирала, безмало нaљутила. Неда је у првим сусретима, после првог неспоразума, била неповерљива према њему, обазрива у односима са њим. Али је касније стекла поверење у њега и заволела га. После је, по чудном закону љубави, коме се покоравају сви људи овога света, увек тражила и нашла разлога да се састане са Радетом.

Љубав је бујала и расцветавала се као зумбул.

Људске се мисли састоје од слика, звукова, мириса и осећања. Често Раде размишља у својој подстанарској соби, а пред очима му се јавља слика; Недина бујна коса, браон очи а она лепа као цвет.

Чује њен глас као да долази из висине, са звезда.

Када је упознао Неду био је пун романтике, није био равнодушан према њој. Није могао и није хтео да сакрива своја осећања. Упознавши је, све више је запостављао старе симпатије и љубави. Оно што се давало једној девојци морало се одузети од друге.

Тако то обично бива. Баш тако је и Неда поступила. Када је почела да се забавља са Радетом заиста је заборавила старе симпатије.

За њега је Неда једина на свету. Кад ју је срео, видео и упознао пожелео је да буде његова. Зажелео је да једнога дана поседује све што може да му пружи њена младост и лепота. Од кад је њу срео Радетов живот је почео да поприма нови смисао, лепши и дражи. Она улепшава његов живот. Неда је такође прижељкивала да он буде њен.

Као и све девојке, волела је војну униформу. Поред тога, од самог почетка, осећала је да је искрен и да има поштене намере и да је воли, па јој се то чинило исувише добро да би било стварно.

***

Шетајући једне вечери по "Рондо–у" такозваном стазом уздисаја, Раде откри сјај у Нединим очима. Њено лице је попримило весео израз, нешто садржајнији, пунији, дубљи, што доноси задовољство и радост. Пред таквим лицем он се надахнуо. Погледа у њен стас и у себи помисли : "Њено тело је створено за најнежнија миловања".

-Ти си само моја и једина!

-Јашта него чија сам – насмеја се громко и од срца, пуна задовољства.

Њене су се мисли сударале и вртеле у круг...

-Да ли ти свакој то кажеш? – више у шали него што би то било озбиљно, упита она.

-Само оној која ми је прирасла за срце а, то си ти! – рече узбуђено и надахнуто, па је, показавши озарени смешак, загрли десном руком и притисну на своје груди.

Те вечери су били веома срећни. Чини им се да сада не би могли једно без другог.

Још у првим сусретима Раде је решио да је освоји. Он је тај циљ изједначавао са животном срећом. Те вечери осећао је да ју је освојио. Заиста је био срећан.

Неда је у првим сусретима, после првог неспоразума, била неповерљива према њему, обазрива у односима са њим. Али је касније стекла поверење у њега и заволела га.

Шетали су, шетали и он је допрати до куће. Растају се. Она полако одлази. Окрену се, погледа га, па му шаље пољупце на длану.

Раде се враћа у своју подстанарску собу и размишља о успеху који је постигао код Неде. Успех га усрећује и даје повода његовом размишљању о дубљем зближавању са њом.

Све више је уверен да ће са Недом остварити трајну везу, готово је сигуран у то. Помислио је : "Живот је најлепши и највише вреди само у младим годинама".

Вероватно је имао у виду да га после младости чека седа коса, ослабели слух, вилица без зуба, ослабеле ноге, повијена кичма...

Већина младих размишља тако, јер младост је стварно романтична и најлепша у животу човека. Али Раде је већ у тим годинама доста читао и научио не само из књига већ и у стварности у животу, гледајући живот људи око себе, и младих и старих, па је знао : "Младост јесте лепа, али је то доба када на човека претежно утичу чула а разум не игра нарочиту улогу. Млад човек нема мудрости, без животног искуства је".

***

Њихови односи су бивали све дубљи и постајали све приснији па су били захвални за сваки дан што протекне. Дубоке страсти су узбуркале њих двоје. Речи нису у стању да изразе оно што они осећају.

Он је био онако витак, шланг и згодан. Био је весео и отворен, а она га гледа и рече у себи : "Чини ми се да ћу га заволети".

Раде гледа у Неду и мисли : "Не треба да идем тако далеко за срећом она је ту крај мене, пред мојим очима".

Вероватно, тако млади, нису проучавали Свето писмо али су се понашали баш онако како стоји у Библији, где се каже : "Иштите, и даће вам се; тражите, и наћи ћете; куцајте, и отвориће вам се".

Све више се повезују сваким делићем свога живота и своје снаге. Раде је имао сјајан дух и снагу воље. Са задовољством је констатовао да је дефинитивно освојио Неду. Тиме се његова жеља претворила у извесност, у стварност.

Али, живот је вечити круг жеља.

Тако је Неда пожелела да га одведе код својих, како би га представила и упознала са њима. Њој је садашњи тренутак изгледао нарочито зрео и повољан за упознавање са њеном породицом. Она је већ саопштила, најпре мајци а онда и осталим укућанима, да има момка са којим се забавља већ дуже време. Упознала га је добро, заволела га и, жели да га доведе и упозна са њима.

И мајка и остали укућани нису имали ништа против. Неда им је неизмерно захвална за то. Била је задовољна и пресрећна. Једва је чекала сусрет са Радетом и тренутак када ће му то саопштити и позвати га да иду код њених.

Када га је Неда позвала да дође код њих, он је обухватио њено лице благим погледом. Срећан је. Неда је његова детелина са четири листа – срећа.

С највећим поштовањем према њеној породици пристао је да иде код мајке и осталих Нединих укућана. Међутим, он је одложио одлазак за касније. Мислио је да се припреми за сусрет – психички. Отићи ће онда, када и како му буде згодно.

Када је Раде процењивао сврху одласка у кућу код њених, закључио је да је то пожељно и неминовно. Сећа се када је Неда предложила, он је то примио са узбуђењем и олакшањем.

И једног дана отишли су. Сви укућани су били гостољубиви и пријатни, а у гласу мајке Софије - Соке било је материнске нежности. Радетови видици у тим тренуцима, били су светли и сунчани а будућност срећна.

***

После остварене и развијене истинске, искрене и праве љубави, Неда и Раде одлучили су да припреме венчање и крену заједнички кроз живот, заједно у добру и злу, заједно кроз животну срећу и кроз проблеме у животу. Њих је већ обузела срећа. Нашли су кумове, људе од реда и речи. Иду на венчање. Све је весело и распевано. Стигли су код матичара. Чекају, не могу да се венчају.

Сви су ту сем једног кума. Нема кума Салка, касни. Напокон се појављује. Сав задихан, правда се и извињава, па уз хумор изјављује како је мислио да је венчање заказано у суду и тамо је чекао. Кроз шалу и смех прихватили су његово правдање уз речи присутних : "Добро, добро, оправдано".

Венчање је обављено, весеље настављено. То је било 1962. године. Неда и Раде, својом вољом уз својеручни потпис, постали су брачни пар Стаменковић.

Неда је унела у Радетов живот и у њихов дом женску топлину.

Раде је у срећном браку са Недом добио ћерку. Неда му је 1963. године родила Слађану његову миљеницу. Он је још увек био на служби у Мостару. Цењен је и уважаван као старешина, један је од перспективних. Као такав, одабран је и послат 1965. на ракетни курс у Сарајево где је изучавао противтенковске вођене ракете.

У то време, увођење ракетног наоружања у Југословенску народну армију, представљало је модернизацију армије, опремање најсавременијим борбеним средствима, врло убојитим. То је уједно представљало и највећу војну тајну.

На изучавање ракета и ракетног система у армији и усавршавање у руковању за борбену употребу ракета, слале су се одабране, старешине од највећег поверења. Тиме је Радивоју још једном указана велика част и поверење.

Он је био поносан на све то и радо је прихватио да иде на ракетни курс.

Морао је због потребе службе, на извесно време да остави саме, вољену супругу Неду и миљеницу ћеркицу од две године Слађану.

На поласку за Сарајево Раде их је изгрлио и изљубио. Грлећи их и једној и другој је говорио :

-Ви сте моји бисери, ви сте моја срећа и моје благо, ви сте моје ја – боље од мене. Загрли их још једном и пољуби. Пође и окрену се, гледа у њих, маше руком и каже :

-Вас две ћете ми бити снови мојих ноћи! Он их је гледао оним погледом који је одражавао израз лица и душе да су оне радост његовим очима.

***

Четрнаестог маја 1966. Раде стиже са породицом у Титоград. По потреби службе прекомандован је у гарнизон Титоград.

Титоград, до 1946. Подгорица, главни град Црне Горе. Налази се у равници Зете, на обалама реке Рибнице и Мораче.

Као Подгорица помиње се први пут око 1330. Под влашћу Немањића до (1360), а затим деспота Стефана Лазаревића (од 1421), Ђурђа Бранковића (од 1427), а од 1452. у поседу Стефана Црнојевића, зетског великаша. Око 1477. освојили су је Турци и прикључили скадарском санџаку. После црногорско – турског рата 1876 – 78, припала је Црној Гори. У Првом светском рату освојиле су је аустроугарске јединице 1916. Ослобођена је новембра 1918. После Другог светског рата 1946. Подгорица добија назив Титоград. После осамдесетих двадесетог века, Титоград је поново преименован у Подгорицу, и данас се тако зове.

У Титограду Раде је примио дужност, али је кратко био, ракеташ оператор лансирног оруђа. Убрзо, на предлог официра безбедности Јове Тепавчевића примљен је у служби безбедности.

Још док је био у Кумбору њега су разматрали за постављање на дужност у служби безбедности. Он се у почетку упорно супротстављао томе говорећи "У цркву и органе безбедности никад".

Са својих двадесет седам – двадесет осам година није могао најправилније да схвати и процени улогу службе и органа безбедности у армији.

Немајући већа сазнања (служба је у то време била доста затворена) а иначе ради на тајним и поверљивим задацима затвореним за јавност, он је понекад од појединаца чуо негативне и подругљиве приче о тој служби, као то су цинкароши и томе слично.

Али, кад су предпостављене старешине, а посебно старешине из службе безбедности, у више наврата разговарали са њим о намени и улози те службе, не само за безбедност у армији, већ и за цело друштво, он је почео да размишља о њиховим предлозима.

Сетио се да је и он кад је био у гимназији у Лесковцу, као шеснаестогодишњак, водио борбу са својом газдарицом – станодавком Персом, гатаром (врачаром). У њему проговара сељаче – Раде који га подсећа да се је жестоко супротстављао поступцима своје газдарице према њеним клијентима.

То су били људи сиромашни, необразовани, лаковерни, који су веровали у гатање и врацбине. Људи који су имали неке болести, неке здравствене проблеме а нису имали такве финанцијске могућности да би се лечили у болници.

Ти и такви људи су се обраћали Перси врачарици, његовој газдарици. Тако забринути и преплашени за своје здравље, препуштали су се њој у руке и од ње очекивали спас а она је радила са њима шта је хтела. Чарала је на жару, на ћумуру. Водила их у подрум и усред зиме свлачила и полевала водом, тобоже у циљу излечења а за све то масно наплаћивала.

А онда се у Радетовој глави јавља – војни старешина који протестује и љути се, па како ја, да своје колеге и другаре пратим, процењујем њихово понашање и деловање и да их спроводим и приводим правди у колико раде нешто тајно на штету и против армије. Да ли ћу моћи то тачно да проценим?

Сада се јавља Раде – ђак, гимназијалац. Као шеснаестогодишњак у гимназији долазио си у вербални сукоб са наставницима. Са појединим професорима који су давали привилегије градској деци која су боље одевена и обучена од девојчица и дечака пореклом са села. Бунио си се против школске одеће и ђачких ознака које су ђаци били у обавези да их носе. Бунио си се јавно пред свима. Како се тада ниси устручавао и стрепео?

Опет у њему проговара Раде – војни старешина. Кад се тада нисам бојао као појединац, зашто бих сада стрепео? Сада када не бих био сам већ у организованој служби, када сам онда могао, зашто не бих могао сада?

Мало-помало он је мењао мишљење о служби безбедности и то у позитивном смислу, па је већ у Кумбору постао сарадник службе безбедности.

ДРУГИ ДЕО

Као орган службе безбедности радио је у пракси, на терену, непуну годину дана. У практичном раду постизао је добре резултате који су утицали на његове претпостављене и руководиоце у служби, и допринели да га оцене као перспективног за службу.

Већ на самом почетку рада у служби, његова лична предузимљивост довела је до постизања солидних резултата који су га афирмисали као стручног и упорног у раду. Раде се на новом послу показао са своје најбоље стране. Упоран, непопустљив, оран, ведар и прожет до сржи самопоуздањем. Здушно је радио па је неосетно, али све више, постајао прави контраобавештајац, и то је био сваким делићем свога бића.

Раде је после те непуне године рада у служби, послат на усавршавање у школском центру безбедности у Панчеву. У школи се истицао у раду и знању и био међу првима.

Писмене школске задатке које су добијали полазници школе за усавршавање, Раде је решавао узимајући примере из своје праксе. Та његова решења, односно резултати из његове праксе, узимани су као пример и показивани у школи.

У школи је показао и воље и снаге за рад и учење, и разумом и снагом своје воље савладао је школски програм и школу завршио са одличним успехом.

У школском центру безбедности, те 1967. године, не само да се усавршавао у теоретском знању већ је шире и свеобухватно сагледао значај и суштину службе војне безбедности. Схватио је важност и потребу постојања те службе и њену неопходност за неометан професионални рад војске. Сазнао је улогу органа безбедности и њихов незамењив рад.

У вези са свим тим сазнањима, Раде је био испуњен поносом што ради у тој служби, и што му је указано поверење. То не може свако да ради. То је посебно бирани кадар.

Служба безбедности захтевала је највеће родољубље и самопрегор. Раде је имао особине које су значајне за посао који је обављао у војној безбедности – снажан карактер, објективност, храброст и упорност. Рад у служби много је зависио од сваког појединог органа безбедности. Много – али не све. Служба оперативца захтева напрезање свих његових снага : физичких, умних и психичких. А то је такво напрезање које тражи истински подвиг. Подвиг, и зато што је тај рад понекад скопчан и са опасностима.

Оперативац треба својом личношћу да продре у организацију и систем стране обавештајне службе коју непријатељ организује у војсци и међу грађанима путем врбовања. Он мора имати организацијске способности да инструише и

66

организује људе у јединици и на терену који ће бити у контакту са људима који би могли да раде или већ раде за страну обавештајну службу.

Људи који помажу органима безбедности, то чине из патриотизма према својој војсци и својој држави.

Служба штити своју јединицу од унутрашњих и спољних утицаја и насртаја – од стране пропаганде, од саботаже и шпијунаже, од диверзија... Ове радње и акције су погубне за јединицу. Орган безбедности испуњава једну од најплеменитијих дужности. Његов рад је намењен том врховном циљу.

Органи безбедности боре се против људи без части и савести, људи који раде против властите државе а за интересе страних држава. То је тајни рат, рат без линије фронта, рат у миру, понекад важнији од оних ратних операција класичног рата.

У непрекидним друштвеним догађањима, стални случајеви мањи или већи, деловање непријатеља и противника, захтевали су непрекидну пажњу органа војне безбедности.

У Радетов посао спадало је и врбовање сарадника, који ће лично њему помагати у прикупљању података о антидржавним елементима – појединцима и групама. Они су њему служили као извор информација.

Органи безбедности – оперативци, па тако и Раде, поред својих сталних сарадника, у неким случајевима успевали су и да сараднике и помагаче спољног и унутрашњег непријатеља, придобију на своју страну као савезнике и тако их избегну као противнике.

За такав успех требало је пуно такта и доста умешности и високопроцентна сигурносна процена.

***

По повратку у Титоград из школе за усавршавање, Раде је предано радио све што су му дали у задатак. Био је чврсто уверен у снагу своје воље.

Радио је не само у Титограду већ и у другим местима. У Даниловграду и другим касарнама у широј околини Титограда. Са службом је био задовољан.

Половином 1970. године, у његову душу се уселило посебно задовољство. Он је био срећан, весео и чио. Супруга Неда родила је још једну кћеркицу, његову мезимицу Јасну.

***

Почетком месеца јуна, командант подручја генерал, позива Радивоја Стаменковића да се у 12,00 часова јави у Команди лично генералу.

Раде је изненађен, размишља о свему, мало је узнемирен. Пита се зашто га зове генерал?

Да није можда направио неку грешку. Покушава да се присети шта је све радио тих дана, које је задатке извршавао, где се кретао, шта и са ким је

68

разговарао. Не налази никакав свој пропуст. Од никога није добио никакву замерку, прекор или опомену. Нико му није скретао пажњу ни на шта, нико га ни на чему није упозоравао. Закључио је да је све радио по прописима и Правилу службе.

Тачно у дванаест часова Раде је у кабинету генерала, у ставу мирно рапортира:

-Друже генерале...

-Добро, добро – прекиде га генерал и показа руком на фотељу. – Седите.

-Знам ко сте, шта сте и који посао радите.

Генерал устаде, отвори ормар, узе две чашице и наточи себи и Радету по једну, чувену црногорску лозу. Док је генерал послуживао себе и Радета, он је још увек размишљао :

"Зашто ли га је генерал позвао?" Али сада без оне стрепње која га је мучила и пекла као ватра.

-Јесте ли за кафу?

-Друже генерале није неопходно.

-Јесте ли или нисте?

-Паа, може.

-Какву кафу пијете?

-Без шећера – храбро одговори Раде.

Генерал притисну плаво сигнално дугме на свом столу а на вратима се појави ордонанс.

-Изволите друже генерале!

-Две кафе. Једну горчу!

Ордонанс, војнички лагано и рутински салутира и оде да донесе кафе.

Раде је сада већ сигуран да није позван на одговорност. Лакше му је. Полако се опушта. Јер, онога кога зову на рапорт не нуде кафом.

Генерал узима свеску-роковник, нешто бележи, вероватно састанак са Радетом. Преврће листове, враћа се опет на први лист, проучава – разматра неки садржај.

За све то време код Радета расте знатижеља да што пре сазна зашто је позван? Да није можда у питању неки изузетно важан и специфичан задатак, или опасан задатак са великим ризиком, или можда рад у иностранству, или...? Безброј мисли су за ових неколико тренутака прошли кроз његову главу.

Генерал заврши преглед роковника, одгурну га у страну, подиже главу и обрати се Радету.

-Па како сте, како иде посао?

-Добро сам друже генерале, хвала на питању. А посао се одвија некад са јачим а некад са слабијим интензитетом, у зависности, као што и сами знате, од слабе или јаче, чешће или ређе активности противника и непријатеља. А резултате мог рада процењујете ви друже генерале и мој непосредни претпостављени старешина.

-Добро сте то рекли. Како оно беше име?

-Радивоје.

-Да, Радивоје. Е па Радивоје, видите указала се потреба за рад у служби безбедности на једном сложенијем и одговорнијем месту, на вишем нивоу структуре ЈНА, далеко од гарнизона Титоград, у Савезном секретаријату за народну одбрану у Београду.

-Што се тиче вашег знања и стручности, ми ценимо да би ви тамо могли успешно да радите. Сада вас питам да ли сте спремни да прихватите сложеније задатке? Да ли ће прекоманда можда створити неке проблеме вашој породици?

-Друже генерале, ако дозвољавате и ако сте ми већ дали могућност да одлучујем да ли прихватам или не, молим вас дозволите ми дан–два да размислим.

-Дајем вам седам дана да размислите и одлучите!

-Хвала вам друже генерале! Дозволите да се удаљим.

-Слободни сте, можете ићи.

***

Раде је анализирао и процењивао предности и у једном и у другом случају.

У гарнизону Титоград у којем ради пуне четири године, организовао је широку и стабилну мрежу својих сарадника, успео је да продре у организацију и систем рада стране обавештајне службе на терену и у јединицама за које је он задужен – међу грађанима и у војсци. С те стране, боље му је да остане ту где већ ради, све му је познато.

С друге пак стране, одласком у Савезни секретаријат за народну одбрану, он би практично имао веће изгледе за напредовање у служби. Јесте сложенији и одговорнији рад али зато има шире поље рада и разноврсност посла. У Београду, у престоници су много бољи услови и за живот породице (школовање деце, запошљавање).

После два–три дана Раде је обавестио свога претпостављеног старешину да је спреман да иде у прекоманду на нову дужност.

Два месеца после разговора са генералом Раде је извршио све припреме за одлазак у прекоманду. И дошао је дан када је са породицом – супругом Недом, ћерком Слађаном његовом миљеницом, која је тада имала седам година и млађом ћеркицом Јасном његовом мезимицом, која је имала само два месеца, кренуо из Титограда за Београд.

То је било у септембру 1970. године. У Београду је у служби војне безбедности радио све до одласка у пензију.

КАРАБИН

"Нека те Бог чува" биле су речи генерала из руководства службе безбедности, упућене Радету пред полазак из Београда на извршење задатка у Хрватској – у Загорје.

Раде је знао да непријатељи и противници иду ивицом злочина. Али, када је чуо речи генерала осетио је неку зебњу, стрепњу, неку нелагодност. Раде је и у решавању претходних задатака у служби безбедности имао у виду и претпостављао да противник и непријатељ, са којим он "ратује" поседује или већ, сасвим сигурно, има ватрено оружје. Међутим, сада у овом случају знао је са сигурношћу да одбегли војник поседује оружје – војничку пушку и то са бојевом муницијом. Војник је нестао одмах после бојевог гађања и са собом понео пушку и муницију.

Зато је задатак, проналажење и хватање војника бегунца са оружјем, био веома сложен и високо ризичан, и зато је генерал упутио Радету речи неизвесности и опрезности.

У то време, седамдесетих година двадесетог века, није био обичај да се неко уздаје у Бога. У том смислу реч Бог се никада није помињала у оружаним снагама. То се косило са погледом на свет припадника оружаних снага.

Размишљајући о упозорењу, дато од стране генерала, тим и таквим речима, Раде је помислио: "Тешко мени ако ми је Бог остао једина и последња нада."

Овакве задатке, оперативни органи безбедности, решавали су у ретким приликама и само у појединим случајевима. Само тада када су околности захтевале изузетну и посебну тајност у интересу државе и војске.

Откривање и хватање бегунаца, наоружаних појединаца и група, у надлежности је извршних органа безбедности, а то су војна полиција и милиција. Своје акције они изводе јавно.

Одбегли војник није био обичан војник, био је војник гардиста. Операцију је требало извести тајно, далеко од очију јавности, да се не би нарушавао углед гарде.

***

Раде полази на пут. Одлази у родно место војника у једном загорском селу у Хрватској.

Место је далеко. Раде има времена на претек да размишља и да смишља разне варијанте извођења акције проналажења и хватање војника-бегунца. Путоваће возом преко Загреба у Загорје.

У току пута у мислима разрађује варијанте како најбоље да изведе акцију и успешно изврши задатак без драматичних последица по себе, војника и околине. Целокупно његово биће, снага и свест,

74

мисао и покрет, све се то преточило у једну једину мисао да нађе бегунца и да га придобије да са њим крене у своју јединицу у Београду.

Свестан је тога да то неће бити лако. Позива у помоћ своје искуство. У дотадашњој својој пракси није решавао такве случајеве.

Упоређује предности и тешкоће његове и војникове. Коме шта иде у прилог а које су отежавајуће околности и на једној и на другој страни. Анализира која је варијанта ефикаснија? Како започети акцију и како је завршити? Кога евентуално узети за помоћ и сарадњу?

Размишљајући о предностима војника-бегунца на том терену, код Радета се јавља неко непријатно осећање праћено језом, осећање које га опомиње да би он морао бити изузетно опрезан и лукав.

Бегунац је наоружан. У свом је родном крају, терен је на његовој страни. У свако доба има помоћ од укућана, дојављивање од стране ближих рођака. Поред укућана, вероватно су му јатаци и неки од сељана, и врло вероватно стално мења склоништа. Не ради се о обичном војнику, већ о војнику гардисти, који је и психички и физички јачи и издржљивији од обичног војника и бољи у војничким вештинама, јер су гардисти одабирани и посебно обучавани. Језик, односно загорске речи и нагласак, које Раде није у потпуности познавао, био је фактор који није ишао у прилог њему. Тај утицај није био пресудан али је отежавао успешну конверзацију, у смислу да се домаћи људи донекле устручавају да буду отворенији пред страним човеком. Лакше би било да је особа из тог краја, више би било поверења у такву особу. Раде се трудио да се колико-толико служи загорским наречјем и неким речима, што је код неких деловало као да разговарају са човеком из њиховог краја.

Неке речи, појмове и наречје стекао је боравећи у Загребу у два наврата по неколико месеци, на специјализацији за војне дужности.

На Радетовој страни је закон кога он спроводи и овлашћења која су њему дата на основу тог закона. Он је овлашћено лице који је добио тај задатак. Све то зна војник-бегунац. Њему је то било јасно и познато. Зато војник-бегунац жели да буде и мисли да је мудрији од потере. Због тога Раде мора да се послужи и лукавством.

Као предност на Радетовој страни је и његово, тада већ велико искуство.

Он закључује да бегунац има већи број предности и у складу са ситуацијом на терену, схвата да успех извршења задатка зависи од његове снаге, издржљивости, храбрости и умешности. Раде је увек настојао да буде тачан и марљив на сваком задатку па и на овом. Верује у себе. Та увереност код њега ствара одлучност.

Дан пре него што је кренуо на пут Раде је отишао код командира чете да добије све информације о одбеглом војнику. Погледао је његова војничка документа; Војну књижицу и Војнички картон. У њима је стајало да се војник зове Стјепан Рудић. Командир додаје да га војници зову Штеф. У документима пише име оца Мартин.

Радету је одмах пало на памет да се и он, кад дође код војниковог оца, представи као Мартин. То ће допринети колико-толико да се разговор одвија присније и опуштеније између два имењака, можда и земљака.

Стигавши у Загорје, у село одакле је војник-бегунац, Раде се одмах обратио милицији за помоћ и сарадњу. Био је у цивилу, представио се. Показао војну легитимацију и овлашћење а затим специјалну легитимацију војне безбедности и замолио да га најаве командиру станице. Командиру је саопштио какав је задатак добио а потом изложио свој план. Његов план је био да се акција изведе у цивилу (не у униформи) са кратким цевима (пиштољима). Са командиром је утаначио детаље проналажења и хватање бегунца. Са Радетом ће ићи један милиционер у цивилу. Остали милиционери биће на чекању у станици милиције, у приправности и ако затреба на дати знак притећи у помоћ. Раде је организатор и руководи акцијом.

У Загорју, земљиште је валовито. Село је смештено у равној низини. Са северне стране села је омање заобљено брдо, одакле надалеко пуца чист видик, а са јужне, паралелно са селом протиче река.

Месец је јануар. Зима је у пуном јеку. Иако је осванио леп и сунчан зимски дан, хладно је и све је смрзло. И Радету није топло. Снег је доста напáдао. Све се бели; пут, дрвеће, кровови... Изнад кућа, из димњака вију се црни праменови дима. Раде се сети изреке : "Не пада снег да помори свет већ да свака зверка покаже свој траг." У потрагу за одбеглим војником он је кренуо са правом ловачком страшћу.

Десет је сати пре подне. Раде и милиционер крећу ка кући родитеља одбеглог војника. Убрзо треба да покуцају на врата. Успут они још једном укратко анализирају план акције. Визуелно проучавају земљиште и терен. Кућа се налази на стотинак метара од милицијске станице. То је за потеру предност. Већ су пред кућом, улазе у двориште. Мали кућни пас најављује њихов улазак.

-Да ли примате путнике намернике? – обраћа се Раде човеку средњих година, који је, чувши лавеж кућног чувара, управо изашао из куће и стоји на степеништу.

-Изволте, изволте – одговара домаћин једва чујно угледавши непознате људе.

-Да вас не ометамо можда у неком послу? – упита Радетов пратилац.

-А, не, не. Ајте, Ајте.

Те ноћи бегунац је спавао код своје куће са оружјем поред себе. Чим је свануло попео се на таван и тамо је био и кад је у кућу дошао Раде са сарадником. Седео је поред топлог димњака па је тако, у тим зимским данима, могао дуже да издржи на тавану.

Чувши лавеж пса у дворишту, војник откочи пушку, притаји се и ослушкује. Чуо је гласове два непозната човека. Село је мало па се сељани међусобно препознају и по гласу. Штеф помисли, ето их улазе у кућу. Сав се следио од ужаса трнући у хладном зноју. Освоји га на тренутак паничан страх, па је убрзано почео да размишља шта сада да предузме? Размишљао је о више поступака и планова.

Да ли одмах да нападне и побегне из села? Од страха је скоро обневидео. Пуцати одмах, то је још једини спас. Али га освестише гласови двојице који већ улазе у кућу.

Чим су непознати ушли, бегунац, с обе руке ухвати карабин и чврсто га стеже а кроз цело тело му проструји ледена језа од страха и неизвесности.

"Сам сам на тавану а ови доле у кухињи, можда су у потери – дошли по мене? Па ја сам опкољен, скоро ухваћен." Хвата га паника. Опет се пита, шта да ради, како да се извуче из ове клопке? Да сиђе доле и одмах отвори ватру из пушке. Не може. Са њима су и његови укућани. Нехотице може убити некога од њих. "Готово је, сада сам пропао."

Он забринуто гледа на кров, може ли икако преко крова да се побегне? Морао би да скаче а високо је. Дан је. Одмах би био примећен од суседа и сваког пролазника, а можда и од потере. И протеклих дана је он о томе размишљао, како би, ако се нађе на тавану кад наиђе потера, могао побећи? Кров са вањске стране нема никакав улаз ни излаз. Нема терасу нити степенице. Ако би поставио лојтре (мердевине), морале би бити високе и као такве врло уочљиве. Оне би од свакога биле примећене, било да су са уличне или дворишне стране постављене, а посебно би биле сумњиве потери.

Опет се следи од страха. Чврсто затвори очи и стегну зубе, обузе га страва која је већ прерастала сву његову снагу и разум. Све је у њему замрло, осећао је само нагон за спасењем. Није у стању да одлучи шта ће радити ако га открију? Да ли ће пуцати или се предати? Ако су само двојица могао би да их изненади. Ако су само двојица? Али...

Након тобоже срдачног поздрава човек каже :

-Ја сам домаћин – и води их кроз ходник у једну малу просторију.

-Изволте у кухињу.

Раде иде за човеком, иза њега је његов пратилац и сарадник милиционер. Раде осматра напред, осврће се назад и гледа с десне стране у двоја затворена врата од просторија. Тог часа му пролете мисао кроз главу брзином светлости. "Е, то је онај тренутак што брине и застрашује. Ништа на свету, ни овлашћење, ни лична чврстина, ни одлучност, ни... Ништа не спасава од те изненадне и глупе смрти, која за трен ока лиши човека живота."

Сваког тренутка може бегунац, спреда, иза леђа или са стране из тих просторија, да се огласи, упери пушку и нареди : "Не мрдај, руке у вис!"

Укућани им нуде боља места, до зида, да их у пролазу нико не омета. Али, Раде седа на челу стола одакле има потпун преглед. Гледа право у кухињска врата кроз која се улази из ходника и на кухињски прозор према дворишту.

Милиционер пратилац седе за столом насупрот Радету, тик уз кухињски прозор – мало у страну. С тог положаја гледа право у лице Радету, могу се погледима и неприметном мимиком споразумевати. Милиционер може повремено да баци поглед кроз прозор у двориште а такође као и Раде може непрекидно да има поглед на кухињска врата.

Раде се представи родитељима :

-Ја сам Мартин Игњец – и седе.

Представи се и пратилац :

-Ја сам Славко Пртљага.

И домаћин се представи :

-И ја сам Мартин, али Рудић.

-Ја сам Драгица – рече домаћица седећи.

Остали чланови породице су деца.

***

Радетов пратилац се интересује и пита :

-Па как сте, кај делате? Чиме се бавите?

-Добро смо фала богу – одговара домаћин.

А домаћица наставља :

-У овим зимским данима нема никај посебно да се дела.

Пратилац Славко се интересује за војника :

-Как је кај војник Штеф?

-Добро је. Ми се с њим редовно дописујемо. Све је нормално.

После овог питања поче тиха узнемиреност, која се и поред великог труда укућана, није могла сакрити. Сем домаћина, који је све време седео са Радетом и његовим пратиоцем, остали чланови домаћинства су често излазили и улазили у кућу. У разговору су све више бивали затворени и тврдокорни.

Код Радета је овакво понашање укућана изазвало двојако осећање. С једне стране он је све сигурнији да је на трагу бегунца. Војник се налази ту негде у близини. Можда се крије у штали, у дворишту, негде у кући, у овој кући где он са пратиоцем седи, у подруму, на тавану, у некој од соба. У себи као да осећа неко задовољство због изгледа успешног извршења задатка.

С друге пак стране осећа неку стрепњу од непредвидљивих поступака војника бегунца.

Раде зна, да од свих људских порока, мана и слабости, самовоља је најближа животињском свету непробуђена срца и слепа разума. Иако имају откочене пиштоље с метком у цеви, које носе испод сакоа, он и његов пратилац могу бити изненађени на препад. Сваког трена може да се појави на вратима кухиње с пушком на готовс.

Тада је бегунац у предности јер ће бити први на потезу. Наредиће да се страна лица не мичу са рукама у вис а укућане позвати да изађу. Раде је уверен да родитељи сарађују са њим. Он и његов пратилац би остали сами у скученом и затвореном простору и били би у неповољном положају.

Од ове помисли леди се крв у жилама и кочи разум. Ситуација је неизвесна, веома критична, напета и врло опасна.

Раде је свестан да се сад из ове коже у којој се налази не може никуд побећи.

Орган безбедности-оперативац мора бити у таквом психичком и моралном стању да може поднети и претрпети велике стресове и да стално прати ситуацију, јер је вечито с главом у торби.

Радетов пратилац Славко опет се интересује за сина војника Штефа :

-А кажете Штеф је добро.

Мајка Драгица одмах наступа лукаво па пита :

-Кај је, кај му се догодило?

Сарадник Славко као да није чуо питање саопштава :

-Допустите да вам саопштим да је друг Мартин мој колега из Загреба, из цивилне УДБ-е – затим се обрати Радету речима :

-Молим вас друже Мартине сада ви преузмите случај.

Раде наглашава да му је посебно драго да чује да је Штеф жив и здрав и жели да тако остане и убудуће.

-Кад сте се задњи пут чули телефоном? – упита Раде.

-За викенд – одговорише сложно и отац и мајка.

Након кратке станке Раде се огласи речима :

-Мени је жао, али ја имам неке неповољне вјести о Штефу. Његов положај за сада није катастрофалан али би могао бити опасан па и трагичан по његов живот.

После ових речи настаде општа узнемиреност свих чланова породице.

Да би мало ублажио тензије и смањио узнемиреност, Раде мења тему разговора за извесно време и поставља безначајна питања :

-Зашто је толико посуђе (лонци и шерпе) са разноврсним јелима на шпорету?

-Све се то спрема за долазеће благдане. Кај ви не знате да наступају благдани?

-По вама се види да ви те благдане не дочекујете са радошћу.

На ово питање нико није дао одговор. Мајку Драгицу је више занимало колико и шта знају о сину Стјепану па упита :

-Молим вас кај се то згодило са Штефом и кај ће бити са њим? Јадан он – рече тужно и скрушено као да о његовом бегству не знају ништа.

Даљи ток разговора бивао је све тежи и Радету није било лако. Он одлучује да открије све карте и саопштава :

-Ваш син, војник Стјепан је у бјекству. Он је војни бјегунац.

Отац помно слуша Радета веома озбиљна и забринута лица а мајка се ишчуђава и пита :

-Па кај ће сада бити с њим? Јао си га нама!

-Не само што је самовољно напустио јединицу и војску, већ је са собом понео и пушку са којом је задужен у јединици. Понео је и муницију. Он је наоружани бјегунац.

-Па кај ће му пушка забога? – пита забринута мајка.

-То ћемо њега питати. Ми то не знамо. Само знамо да као наоружани војни бјегунац представља опасност по личну безбједност и безбједност других људи – посебно је нагласио Раде.

-Да ли се зна закај је он побегел? – јави се отац Мартин.

-Не. Не зна се.

Раде осећа и процењује да родитељи нису спремни за сарадњу, већ својим питањима скрећу разговор од суштине проблема а то је повратак војника бегунца у јединицу. Зато им отворено каже:

-Ви сигурно више знате о бјегству вашег сина војника Стјепана него што то знају органи безбједности.

Родитељи су још увек доста затворени и тврдокорни у разговору. Чак и поричу да они знају за његово бегство.

-Војном бјегунцу предвиђена је жестока судска казна. Али није све изгубљено. Док цивилна безбједност ради на рјешењу овог случаја, може све сретно да се заврши – Раде покушава да их приволи за сарадњу.

Наставак разговора био је као ход по оштрици жилета.

Раде посебно истиче и наглашава :

-Ако ми не успјемо да вратимо Штефа у јединицу, на сцену ступа војна безбједност. Она је овлашћена да предузима све дозвољене радње приликом хватања бјегунца у циљу да га приведу војном суду. А то никако није добро за Штефа а ни за породицу.

Раде наставља са објашњењем :

-Знате, ако га војна полиција из гарде хапси, нема му спаса од високе казне које му може изрећи војни суд.

Радету није било лако покушавајући да савије и убеди војниковог оца, објашњавајући му, шта је боље а шта горе, шта је могуће а шта није могуће.

Он у даљем разговору почиње онако блиско, интимно и пријатељски :

-Мартине, имењаче, своји смо људи, "земљаче", хајде помогните своме сину да се спаси, да прекине ово бјекство и да се врати у своју јединицу.

После ових речи отац помишља "Па овај човјек зна моју рођену муку и зна шта је боље за Штефа". Оборио је главу, мало поћутао, промислио и најзад се преломио :

-А војни суд, а казна?

Раде је управо то чекао и на то одговорио:

-Ако се нама преда, или ако се сам врати у јединицу, највјеројатније неће ни ићи на суд. Биће кажњен неком дисциплинском казном и продужењем војног рока за онолико дана колико је био у бјекству. И то је боље него да приликом хватања и хапшења можда изгуби живот.

Слушајући га, отац Мартин и мајка Драгица, мало-помало све више се смирују. Отац Мартин помисли : "Ето, па то се може све једноставно и лако завршити, без невоље и страдања."

И мајка и отац се опуштају, и оно што им је Раде говорио почеше да слушају са дечјим љубопитством. Њима се учинило да је Раде веома забринут за Штефа а у звуку његовог гласа треперило је нешто пријатељски и присно.

Раде је заиста био забринут, то се очито примећивало, али не због опасности по војника бегунца, како су мислили отац и мајка, већ зато што је извесно да се он неће предати што се види по држању родитеља.

При крају разговора, отац Мартин слуша Радета како говори с људском топлином у души и олакшава родитељском срцу тренутну муку и тугу, јер његове речи, тако изговорене, уливају поверење па чак и веру у то да ће син Стјепан, ако се сам врати у своју јединицу, проћи заиста са мањом казном.

Раде међутим није могао са сигурношћу да процени њихова права осећања и да оцени њихову спремност за сарадњу.

Од зла чекајући добро није дочекао. Војник се није предао. Није послао никакву поруку преко укућана. Понашање и разговор родитеља још увек су такви да се ништа не може наслутити у вези акције и његовог захтева да се бегунац преда. Раде помисли с неком горчином а истовремено га обузе сумња да од овог посла и разговора неће ништа испасти. Е, због тога је он веома забринут.

Али сам растанак са укућанима дао је зрачак наде. Чланови породице-укућани, давали су обећања да ће учинити све што је у њиховој моћи. У томе је предњачила мајка Драгица. Била је и најубедљивија, вероватно је имала и највећег утицаја на сина Штефа.

Приликом руковања Раде је сваког укућанина погледао право у очи а затим је стао испред свих и нагласио :

-Надам се и вјерујем да ће обећања бити испуњена.

-Бумо се потрудили да их испунимо ако то од нас зависи – климајући главом горе-доле, водећи рачуна да се не открије потпуно да они сарађују са сином, јасно и чврсто обећа отац Мартин.

Професионално неповерљив, Раде помисли :

"Да ли ће ми се остварити очекивање да видим светло на крају тунела, да акција успе, да се војник добровољно врати у своју јединицу."

Са таквим мислима а делимично и са неповерењем, напустио је кућу и село одбеглог војника.

***

У повратку са задатка, у возу, Раде анализира целу акцију. Тада, кад је већ далеко од места и села, од куће одбеглог војника у којој је боравак био веома ризичан, размишља трезвено, логичније и опуштено, без оне тамошње напетости. Са ове удаљености и какве-такве временске дистанце сећајући се положаја у којем су се налазили он и његов пратилац, обузима га накнадни страх.

Били су без спољне заштите и подршке. Могли су на препад бити заробљени и постати таоци, могли су сулудо настрадати, изгинути... Остати смирен и трезвен у тако опасној ситуацији није било лако.

И Раде је накнадном стрепњом остављао недовршену мисао, загледан кроз прозор воза у густе снежне пахуљице, које су непрекидно падале, а уста су му пуна неисказаних мисли.

Није сигуран, и не сме гласно да изговори речи, а у глави му се врти мисао : "Можда ће се бегунац сам вратити." Не верује а потајно се нада.

И ова акција хватања бегунца, једна је од многих безбедносних акција у којима је Раде учествовао. Безбедносне акције захтевају брзе резултате. У њима нема дугог надмудривања као у шпијунским где акција дуго траје и не види јој се крај. Дабоме да Раде није навикао на такав рад.

По свему судећи акција хватања бегунца њему постаје ноћна мора.

Непрестано размишља шта рећи својим претпостављеним старешинама? Шта рећи старом и искусном генералу, од кога је добио задатак који баш и није спадао у надлежност контраобавештајца. Оном који га је испратио на задатак, поред осталог, и са речима да се узда у божју помоћ. Тада, када Бог није смео ни у мислима да постоји.

Раде ће морати да поднесе извештај. Чим стигне у јединицу то му је прва обавеза. Љут и нервозан стиже кући.

Сутрадан у својој канцеларији припрема писмени извештај који ће поднети на састанку органа безбедности на којем присуствују и учествују у дискусији и руководиоци и оперативци.

Уобичајено је, као метод рада, да се после сваке значајније акције органа безбедности, врши анализа на колегијуму, где присуствују и претпостављени и потчињени.

Састанак и дискусија сваког часа би требало да почну. Чека се старешина који ће руководити анализом.

Раде је спреман да поднесе извештај. У сали је тишина, мук. Све је обавијено велом тајанствености. Помало збуњен том атмосфером, Раде настоји да што вештије сакрије такав свој осећај.

Рад колегијума само што није почео а њему се црева грче у стомаку. Он сматра да задатак није успешно извршио и поред тога што је открио где се војник крије а био му је и на трагу.

Очекивао је оштру критику и негативну оцену свог практичног рада као професионалца у том конкретном случају. Покушава да теши себе примерима и чињеницама да се то дешава и другим оперативцима. Ниједан задатак не иде глатко и без проблема, увек су могући заплети и расплети – издржаћу.

Коначно улази генерал, стари "Вук" контраобавештајац . Видно расположен и насмејан. И уместо уобичајеног поздрава колегијуму он прилази Радету и честита му на успешно извршеном задатку.

Раде захваљује генералу, али је ипак, видело се то, збуњен. Нетремице слуша и гледа генерала, сав сабијен у тај пренапрегнути тренутак, а генерал стоји испред колегијума и гласно и јасно препоручује :

-Ако неко не зна како се проналази нестала пушка, нека пита водника "ЦИУ", ако неко не зна како се хвата наоружани војни бегунац, нека пита "ЦИУ", ако неко не зна како се откривају везе страних обавештајних служби, нека пита "ЦИУ".

Захваљујући Радету, његовој смелости, па чак и дрскости – у смислу да је свесно пркосио опасности, његовој вештини и лукавству, задатак је успешно извршен. Искључиво његовом заслугом, војник-бегунац са наоружањем, већ се налази у својој јединици – славодобитно изјави генерал.

После овакве оцене и похвале, Радету се душа испуни празничним узбуђењем и свечаним расположењем, а на лицу му се јави она сетна радост која обично бљесне после великих брига.

А оно што је у извршењу задатка и акције, до мало пре тога деловало и изгледало као слепа улица, одједном постаде успех и право решење, па чак и пример за истицање. Радету се учинило да у својој души осећа то као подвиг, упркос предходном, његовом пољуљаном самопоуздању.

Радета греје задовољство. Тог часа престадоше грчеви у стомаку као руком однети.

Када је чуо да је задатак успешно извршен, Раде је размишљао како ли се то практично одвијало од момента када се опростио од војникове породице? Жељно је очекивао да претпостављени старешина то саопшти.

Није дуго чекао да то сазна.

Један старешина је поставио питање :

-Да ли је приликом хватања бегунца покушано хапшење?

Претпостављени старешина је одговорио:

-Не. После Радетовог одласка, отац је сина спаковао, баш тако се изразио (спаковао) скупа са наоружањем у свој путнички ауто и довезао га директно у јединицу, пре него што се Раде и вратио са задатка.

-Иначе за све време Радетовог боравка у кући и разговора са родитељима, одбегли наоружани војник се крио на тавану те куће – заврши објашњење старешина.

***

По одласку Радета и његовог сарадника, родитељи су размишљали шта је најбоље чинити? Не само мајци Драгици већ и оцу Мартину било је жао да се Штеф преда, али, хоћеш-нећеш отац је био свестан да је син направио тешку грешку и да је боље да се сам преда него да га хапсе.

Мартин је зато, иако с неком чудном горчином човека, који воли и жали заблуделог сина, одлучио да га лично врати у касарну.

На ту Мартинову одлуку, нешто до суза тужно подилазило је мајку Драгицу од помисли шта ли ће све снаћи њеног сина.

И док се Раде са задатка враћао возом, отац и син су аутом били бржи и стигли пре њега.

***

Састанак је протекао у надмудривању органа безбедности. Кроз дискусију износило се шта је ту било добро а шта лоше, шта је урађено по закону и пропису а шта није.

Раде је био "Звезда", давао је одговоре, учествовао у полемици. Признао је да је свесно ушао у ризик који је био на граници интерних прописа о служби безбедности.

Поред изношења својих мишљења, свака је дискусија завршила са похвалама па чак и честиткама.

-Да ли је тражена сарадња и помоћ милиције? – упита један оперативац.

Раде објашњава :

-Чим сам стигао у место одмах сам се обратио милицији за помоћ. Када сам објаснио о чему се ради, командир и његов заменик, одбили су мој захтев са образложењем да они не могу да се ангажују и упуштају у хватање војника-бегунца. Не могу зато јер им нико раније није јавио ништа о том проблему, први пут чују за тај случај. Нису се припремили, нису га оперативно обрадили и немају никаква сазнања ни процене где би могао да се крије бегунац.

-Да ли сте ви затражили од њих неку одређену – конкретну помоћ – упита следећи оперативац.

-Претпостављао сам да ће се бегунац сакривати најпре у својој кући или у близини куће. Па сам предложио да се блокира кућа и комплекс помоћних зграда. И то су одбили зато што немају тачан податак и сигуран доказ да се он тамо скрива. Не желе да узнемиравају мештане, па ако га не нађу, касније би били извргнути подсмеху. Договорили смо се некако, да један милиционер пође са мном а њих неколико да чекају у станици милиције и да притекну у помоћ ако буде требало.

-Претпостављали сте да се бегунац крије у кући, па како сте могли ризиковати животе вас двојице?- јави се следећи учесник у дискусији.

Раде се подругљиво насмеја као да са себе сваљује неугодно бреме, па рече :

-Свесно сам ушао у тај ризик, нисам имао избора.

-Па како сте мислили да се заштитите? – упита један од учесника анализе.

-Ништа нам друго није преостало него да се штитимо живим телима војникових родитеља или неког од укућана. Ја и мој пратилац сели смо на супротним странама стола, и то тако да је увек неко од укућана био испред нас или поред нас. Ниједног тренутка нисмо остајали сами у кухињи. Увек нам је неко био на дохват руке, тако да смо га у трену могли зграбити и држати испред себе. Отац је све време био поред нас и уз нас. Били смо раздвојени тако да нас бегунац, једновремено-обојицу није могао угрозити. Увек је један од нас могао да реагује и штити другог.

Један од дискутаната чудећи се упита :

-Па како је текао ваш разговор у тако тешкој атмосфери и тако напетој и веома критичној ситуацији, неизвесној по ваше животе? Којом магијом сте деловали на родитеље и војника да се бегунац својевољно врати у јединицу? Постигли сте велики успех! Честитам!

-Мој разговор са родитељима, све до пред крај, био је врло тежак, као да смо се тражили по мраку и магли. На крају су тешком муком почели прихватати моје предлоге и сугестије са малим одлагањем извршења.

Раде је наставио излагање из свог извештаја. Раздраган је, он се смеје, он реферише, он прича а из сваке његове речи, из кретње, из осмеха избија критична и напета ситуација, смели и сурови доживљај и савлађивање природног страха у кући војникових родитеља.

После овог састанка, Раде је добио надимак "ЦИА" а стекао је глас доброг и вештог оперативца – контраобавештајца.

***

У склопу рада контраобавештајца Раде је морао да се хвата у коштац са страним обавештајцима, страним и домаћим шпијунима и агентима. Да их прати, проучава, проверава, снима и приводи. Да проучава њихова писма, телефонске разговоре, сумњиве илегалне сусрете са њиховим агентима и сарадницима. Да прати наше грађане које су страни обавештајци контактирали и врбовали.

Сваки детаљ, свака ситница могла би бити од важности.

Те мале ствари, на први поглед безначајне, трасирају пут ка откривању мреже страних обавештајаца, шпијуна и диверзаната.

БУВА У ПИСМУ

У Радетовој канцеларији зазвони телефон. Претпостављени старешина наређује: "Хитно да се јавиш у – Плаву зграду." Он је знао да се тамо обавља специфичан посао – контрола писмених пошиљки.

Ништа посебно. Понекад, из те зграде траже помоћ од органа безбедности. Раде је дошао и почео помагати. У једном тренутку је колега са супротног стола завапио: "Помагајте људи." Сви су се спонтано погледали, помало зачуђени. То је неуобичајена сцена. Колега и даље запомаже: "Аман људи помажите." Није гледао у њих већ доле по столу претраживао.

Док је главом кружио изнад и поред писма којег је отворио и држао у руци, Радету се учинило да се он осмехује. И заиста, док је вртео главом он је крадимице гледао у њих и сасвим добро уочио да су стварно зачуђени и упорно гледали у њега.

Када је проценио да их је доста држао у неизвесности и ишчекивању, готово туробно и са љутњом рече : "Побеже ми бува." Раде помисли – "Каква па сад бува."

Колега их је све редом погледао у очи и онда им показа текст у писму и прочита : "Драги пријатељу, знам да знаш да нам контролишу пошту, зато погледај да ли имаш буву у коверти? Ако је нема знај да су ти отварали писмо. Зато поведи рачуна убудуће шта и како пишеш."

Последња реченица је заправо значила да пошиљалац и прималац тог писма, убудуће у међусобној комуникацији, неће смети износити путем писма, своје тајне планове и активности које су уперене против државе и народа. Они ће после сазнања до којег су дошли, организовати друге начине и методе свога деловања и међусобне сарадње.

Раде је истог дана, преко својих сарадника у касарни и изван ње организовао праћење војника чије је писмо, и извештавање о његовим активностима у слободном времену у касарни и у граду за време излазака. Где се креће, с ким се састаје, шта уговара...?

Ове мере он је предузео у циљу правовременог одвраћања, или у самом почетку спречавања евентуалног непријатељског деловања у војној јединици или у граду.

Људи који сарађују са органима безбедности, мотивисани су, покретани су дубоким патриотским осећањем. И без новчане накнаде. Са таквим људима Раде организује сарадњу.

"ФЕНИКС"

Војник који је пропутовао цео свет и два села више.

Раде је обрадио податке који су стигли са терена за сваког новог војника, што значи приликом контраобавештајне процене таквог војника није било.

Одкуд сад он? Раде није ни слутио да у јединици има таквог војника. Одмах му је дао службену шифру "Феникс" и региструје га под тим називом. Сваким даном, из различитих извора добија сазнања и потврду да такав војник заиста постоји.

У то време, војна лица која су боравила у иностранству, или војник док је био у грађанству и боравио у страним земљама, била су по војним прописима, у сфери пажње и провере војних органа безбедности.

Сврха пажње и контроле је, да уколико би та лица имала поново неке контакте са странцима-дописивања, телефонске разговоре, усмене поруке – да ти контакти буду уз сазнања, под контролом и по упутству органа Војне безбедности.

Раде се опет пита; како је такав војник могао да му промакне при обради и процени нових војника?

Поново је проверио податке из војне евиденције за војника "Феникс- а." У подацима стоји: Степен образовања просечан, степен интелигенције изнад просека, везе са странцима и иностранством пасивне, писане кореспоnденције са иностранством и странцима нема.

Тако је по подацима. А међу војницима колају приче о његовом боравку и раду у иностранству, љубавним и другим везама. Приче о раду у иностранству у некој фабрици наоружања, па чак и конкретно у фабрици тенкова.

Све је то било од интереса за органе безбедности у циљу опште безбедности земље.

Уз сагласност претпостављеног старешине Раде позива "Феникс-а" на информативни разговор. У разговору се служи триком па војника пита : "Ти знаш зашто си позван?" Са циљем да војника наведе да сам почне причу, без постављања питања, не би ли проговорио о нечему што Раде још не зна.

На крају војник се исповеда и каже да је све то измислио како би и он био запажен као и други који су стварно боравили на привременом раду у иностранству.

Закључак из читавог разговора гласи : Њему је прво и најдаље путовање долазак у Београд на одслужење војног рока.

ПРЕПРЕДЕНИ НЕПРИЈАТЕЉ

Командир забринут и љут долази код Радета и обавештава га да је у војничкој учионици на табли написана парола непријатељске садржине.

-Известио сам команданта па сад и вас упознајем са тим – помало узрујан заврши командир.

-А какав је садржај текста? – упита Раде.

-Шовинистички, непријатељски. Дословно гласи : Умри Муслиман сваки и Србин опаки.

-Молим вас одмах идите у учионицу и обезбедите да нико не брише или преправља садржај текста док ја не дођем.

Раде је узео службени фотоапарат и отишао у учионицу. Тамо је командир са неколико војника чекао. Раде је проучио ситуацију, испитао неке војнике, посебно дежурног и пожарног. Питања су била једноставна. Да ли су видели да је неко од војника остао у учионици када тамо није било никога? Да ли претпостављају ко би то могао да уради? Сумњају ли на некога...?

Ни на једно питање није добио поуздан одговор, заправо никакав. Раде је начинио три фото – снимка пароле.

Раде сада мора потражити помоћ од свог сарадника по безбедности, војника батерисјког писара, чији је псеудоним "Отон". То је војник факултетски образован носилац значке "Примеран војник," писар у батерији.

Позива га у канцеларију. "Отон" је први уочио паролу и први известио командира о томе. Дежурни у чети није о томе извештен и није ни видео паролу. "Отон" је заборавио да га извести, одговорио је Радету када га је упитао зашто то није учинио. Потом изјављује да нема никаква сазнања ко би то могао бити и енергично то осуђује.

Раде прати ситуацију, већ по ко зна који пут врши анализу и безбедносну процену стања у батерији и то за прошли период од два месеца. Није било никаквих инцидената нити покушаја скривеног непријатељског деловања и роварења. Нема никакве показатеље како и одакле да почне? Као да у батерији међу војницима нема противника. Иако тако изгледа, неко ипак постоји, тај који је написао паролу. Њега треба открити.

Војник "Отон" писар у батерији, самоиницијативно у име свих војника упућује писмо команданту и жестоко осуђује починиоца дела. У писму наглашава да то чини лично у своје име и у име колектива.

Овакав случај реаговања војника до тада у батерији није био. Код Радета се јавља црв сумње. То је први случај да неко од војника у писаној форми осуђује непријатељско деловање. Зашто је "Отон" тако поступио? То Радета мучи.

Позива га поново на разговор у својој канцеларији. Води са њим спонтан разговор, без неког редоследа и строго постављених питања, већ онако успут кроз разговор.

-Јеси ли могао очекивати да се то у батерији може десити?- упита Раде.

-Ни у сну нисам могао претпоставити!

-А када си ти то приметио?

-Јутрос око пола шест.

-А, да није можда то синоћ написано?

-То не знам.

-Како то да нико други од толико војника није приметио пре тебе?

-Па није било ниједног војника.

-А где су били?

-На јутарњем вежбању – на фискултури.

-А дежурни и пожарни?

-Они су отишли у батеријски магацин по чисте чаршаве, данас се мења постељина. Ја сам остао сам у батеријској канцеларији, правио сам неки списак за командира, јуче ми наредио. Имао сам отворена врата од канцеларије и пазио да неко не уђе у просторије, уједно и чувао оружје и опрему у ходнику.

-Познајеш ли ти рукописе војника, бар неких? Шта мислиш може ли се по рукопису претпоставити ко би то могао бити?

"Отон" спусти главу као да дубоко размишља, па је нагло дигне, и одлучно упери поглед у Радета и врти главом одричући рече:

-Не! Не препознајем рукопис и по томе не могу претпоставити ко би могао бити!

Кад је чуо питање о рукопису, Раде је приметио да се војник мало тргнуо као да га нешто непожељно погодило. Можда он зна ко је написао, помислио је Раде.

Отпустио је војника. "Отон" му нимало није помогао. У одговорима је био шкрт, давао је кратке и лаконске одговоре. У једном тренутку осетио се погођеним. Мислио је да се Радетова питања односе на њега.

И командир и Раде, водили су разговоре и са другим војницима, и нису сазнали ко је написао паролу.

Графолошким путем открива се ко је написао паролу, то је војник "Отон."

После издржане казне "Отон" се враћа у јединицу на дослужење војног рока за онолико времена колико је провео у затвору. Поништена је писмена наредба и одузета значка "Примеран војник".

Приликом поздрављања по одслужењу војног рока, "Отон" честита Радету на коректном раду у сарадњи а огорчен је на графологе. И тада је показао да је био и остао шовиниста и противник друштвеног система. Испричао је Радету како је садио лук док је био у затвору. Тамо су им објашњавали да бркови лука иду доле ка земљи а он је садио обрнуто-бркови горе. Лук је нормално израстао а он је остао у уверењу да им је подвалио.

МАЈКУ МУ ЦИГАНСКУ

Војник по имену Рома нестао је из јединице. У први мах помишљало се на све. Касније се сазнало из приче оних који су с њим били блиски, да је он самовољно напустио јединицу и гарнизон у словенској Рибници на Долењском, где је служио војни рок. Рома је још раније наговештавао да ће можда мало отићи кући.

Као војни бегунац долази под удар закона. Он као и сви војни бегунци, чине све да их органи Војне безбедности не открију. Настоје да све што су наумили то и остваре. Тако чине, па се или сами врате у своју јединицу или их Војна полиција пронађе и ухапси.

Војна полиција стигла је у Ромино село, тачније у насеље где он живи и где највероватније борави. Распитује се где би могао да се скрива Рома.

У том трагању Војна полиција је налетела лично на Рому. Он, онако у цивилу, необријан и запуштен, потпуно миран, није личио на војног бегунца, упућује их у суседно село код свог таста речима: "А, Рома, он се крије код свог таста, тамо у следећем селу." И да би, по његовом схватању, оставио што бољи утисак лојалног грађанина опсовао је Рому : "Мајку му циганску, никако да се еманципује, брука нас Цигане."

У овом случају био је на три корака испред полиције.

Одмах после растанка са војном полицијом, Рома је напустио село и отишао у непознатом правцу.

После неуспешног првог трагања, Раде је добио задатак да крене у потрагу, пронађе и приведе Рому у јединицу.

Дошавши у његово село, Раде је успоставио сараднички однос са Роминим тетком, објаснивши јој да је боље да се Рома преда него да га хапси Војна полиција, када се може десити за време хапшења и да погине. Разговор са тетком водио је у присуству милиције.

Уз помоћ тетке, која је позвала Рому да увече наврати код ње, Раде је сачинио план хватања. За време преноса фудбалске утакмице, која је била од значаја за нашу земљу, Рома је био занет утакмицом, тетка је по договору са Радетом спустила ролетне до пола прозора. После тог сигнала Раде је са два милиционера ушао у просторију, стао на вратима и наредио Роми да се преда са рукама у вис и да ништа не покушава!

Кад је Рома чуо наредбу: "Предај се, руке у вис!!" нагло је устао са столице и покушао да побегне преко терасе, али га је у томе спречио милиционер.

Рома се предао. Успешно је приведен у своју јединицу.

ПАКЛЕНА МАШИНА

Раде је пошао у обилазак младих војника. У сусрет му ужурбано иде војник из војне експедиције (пријем поштанских пошиљки војника) и онако задихан стаје испред њега, поздрави и замоли га да хитно дође у експедицију.

Одмах је пошао и у ходу пита :

-Шта се десило?

-Стигао је пакет са пакленом машином – одговори војник.

У то време је било актуелно питање појачане борбе против диверзија које је изводила непријатељска емиграција из иностранства. У циљу откривања, спречавања и онемогућавања диверзија, баш у то време први пут се у Војној полицији формирају тимови за противдиверзантска дејства.

Заиста, то је било време учесталих диверзија, немирно време. Овакве мисли биле су тог тренутка код Радета. Он мора брзо да дејствује, размишља како би то сам решио и да не зове никог из противдиверзантског тима, јер време лети. Мина је вероватно темпирана да експлодира кад стигне у касарну, нема чекања, одмах се морају предузети све мере.

Стиже у експедицију. У пакету се чује неко нејасно пуцкетање са једноличним прекидањем, нешто налик на музику. Али се не може са сигурношћу одредити. Заиста је сумњиво, могло би бити ризично.

Удаљава све присутне, наређује да се позове војник на кога је адресован пакет, телефонски позива претпостављеног старешину и извештава га. Поред реферисања о сумњивом пакету, тражи одобрење да он лично реши случај како би на време спречио евентуалне нежељене последице.

Претпостављени се колеба и каже :

-Слушај, не знам да ли би било паметно да ти то решаваш сам без стручног лица задуженог за такве случајеве. Свестан си да би могле да лете гаће у вис.

-Откуцавање не личи на сатни механизам. Преузимам решавање овог проблема на своју одговорност – одлучно одговори Раде.

Предузми све мере опреза – строго нареди претпостављени.

- Предузећу друже мајоре.

Осећање патриотизма је често било покретач активности органа безбедности који су били спремни да учине подвиге и поднесу највеће жртве.

У просторију код пакета улазе само Раде и војник чији је пакет. Војник је одмах препознао рукопис свога брата на пакету. Поновним ослушкивањем звука из пакета као да чују мађарске речи, и закључују да је то нека радио станица на мађарском језику.

Војник се тада сетио да је то транзистор, породични транзистор који увек иде са младим војником. Отворили су пакет опрезно и војникова констатација била је тачна. Приликом транспорта транзистор се укључио, вероватно померањем и притискивањем неких упакованих тврдих и кабастих ствари, на дугме за укључивање.

ЧОВЕК КОЈИ ЈЕ ПРИСЛУШКИВАО СВОГ ПРЕДСЕДНИКА ДРЖАВЕ

Раде је на свом радном месту. Тачно у једанаест сати пре подне зазвонио је телефон, он се понадао да ће по закону вероватноће и по искуству из своје праксе, уследити пријатан доживљај, тојест да ће чути умилни женски глас.

Уместо очекиваног јавио се мушки војнички глас, особе познате широј јавности, која је до недавно важила и била виђена као будући војни министар, јер је у служби имао брилијантну војну каријеру.

Мушки глас је свог саговорника поздравио речима: "Добар дан друже председниче" и честитао рођендан његовој супрузи Даринки са позивом на кавијар.

Председник се захвалио на честитци и понуђеном кавијару и додао да то није потребно. Мушки глас је замолио председника да му помогне у остваривању његове одређене потребе. Он му је одговорио: "Какав би ја председник државе био када не бих могао нашем познатом уметнику обезбедити простор, где би он стварао своја уметничка дела. Па то би ми замерили и моји мештани".

Не дозволивши му да настави разговор председник је рекао: "Сматрај да је задатак извршен и не брини".

У наставку, разговор личне природе не заслужује пажњу службе безбедности па ни пажњу читалаца.

ДОЧЕК КАКАВ НИГДЕ НИЈЕ ВИЂЕН

Војна вежба "ЛЕОТАР-63" у једном херцеговачком селу где је бог давно рекао лаку ноћ.

Раде добија задатак да заједно са официром из позадинске службе изврше извиђање и пронађу коначиште за старешине јединице. Као КОС-овац Раде има посебан и специфичан задатак. Треба да сагледа стање у селу и шире у околини и да глобалну–оквирну контраобавештајну процену, тиме што ће кроз сусрете и разговоре са мештанима и власницима кућа, доћи до неких података који њега интересују а тиме и до закључка какво је стање.

Коначно су пронашли кућу која по свим питањима одговара за смештај командног старешинског састава. Раде је дао своју сагласност, посебно за кућу коју су одабрали.

Када су старсшине стигле на преноћиште, дочекала их је бака Цана, сва озарена од среће што их прима на конак. Презадовољна да и њу неко пита за нешто, да и она даје услугу држави, односно војсци, да и од ње неко тражи помоћ. Након извесног упознавања и ћаскања, бака им показује припремљене просторије и врши распоред где ће ко спавати.

Врло озбиљно и одговорно мерка старешине и по само њезином – и само њој знаном критеријуму, распоређује старешине и одређује собе и лежајеве. Када је дошао ред на команданта обраћа му се речима : "Ти мали, сине овде." Њему је одредила најскромнију и најмању просторију. У том тренутку, махинално и суздржано настаде смех. Неке старешине су се погледавале и смешкале а неки баш нису могли да се суздрже од гласног смеха.

Баку је то збунило и чудно их је погледала. Када су јој старешине рекле да је то командант, она је брзо преместила постељину у почасну – славску собу и тиме исправила грешку, уз извињавање и кроз шалу и осмех.

Онако припроста и великодушна, бака Цана је хтела да до краја исправи грешку и команданту укаже посебну част, узела је из кухиње кисело млеко, оно сеоско домаће, и прво је понудила команданта.

Млеко је било у ноши, пружајући га рекла је : "Ево синко теби највише, из нове чиније која досада није употребљавана. Недавно сам је купила на пијаци. " Одједном су све старешине праснуле у незадрживи смех.

Дуго се памтио овај догађај који је при сваком помињању изазивао мањи или већи смех.

Ова прича могла је да носи и наслов – КИСЕЛО МЛЕКО У НОШИ.

У Радетовој служби и професији, као и у свакој другој, било је, што се види и из овог примера, и комичних момената. Ретко, али било их је.

ИЗРЕШЕТАНЕ БУБНЕ ОПНЕ

У извршењу својих задатака Раде се довијао на све могуће начине, да би дошао до циља односно до резултата. На пример, код озвучења стана, бубица је сакривена испод паркет лајсне, звук се подеси на нормалну јачину, али је проблем чујности кад се шапуће, а то је случај код разговора о строго поверљивим тајнама. У таквим приликама Раде појача тон да му пуцају бубне опне.

Тако поступа јер је ревносан у извршавању задатака са жељом да репродукује оно што је од посебног значаја за безбедност земље.

ШПИЈУНИМА СЕ НЕ ОПРАШТА

БРЕЗОВИЦА, млад официр тенкиста. Праћена је његова активност и осматран његов стан. За тај задатак одређено је неколико припадника органа безбедности, један од задужених је и Раде. БРЕЗОВИЦА је претпостављао да може бити праћен и знао је да се шпијунима не прашта па је био веома обазрив и морао је да пази шта ради.

Због недостатка људства свако је радио по две смене. Раде је са својим млађим колегом Виктором у пару вршио непрекидно и дуготрајно осматрање зграде у којој станује БРЕЗОВИЦА. Било је то дуго и мукотрпно осматрање, када објекат и људи, који улазе у њему и излазе из њега не смеју ни један тренутак остати без пажње и посматрања.

Време је било прохладно, Раде и Виктор су седели у старом аутомобилу на паркинг простору и осматрали улаз и излаз зграде. Преседели су целу ноћ, смрзли се и мртви гладни једва дочекали да сване. У рано прасказорје Виктор је одлучио да иде по хлеб.

Виктор је донео свеж хлеб. Раде је осетио онај божанствени мирис тек печеног хлеба, па му се чини да и данас осећа тај мирис. Хлеб су јели са посебним укусом и ужитком којег су дуго памтили.

У згради су почела да се пале светла. Они се ту већ два дана мотају, могли су да скрену пажњу на себе. Раде помисли: "Шта све може да нам се деси? Најмање што може да нам се догоди то је да неко од пензионера помисли да смо лопови и ошине по нама сачмарицом, пуно соли уместо сачме и погоди нас у задњице како би нас научио памети".

Још док су јели хлеба стигла им је смена. По уговореним сигналима о примопредаји дужности, потајно су нестали са лице места.

Ово непрекидно и прецизно осматрање није било узалудно, довело је до резултата, допринело је да се при тајном претресу стана официра БРЕЗОВИЦЕ пронађе бојева муниција у купатилу са прљавим вешом у корпи.

ОБЕЗБЕДИТИ ДОСТОЈАНСТВЕНУ ТУГУ, БОЛ И ИСПРАЋАЈ

Служба безбедности у армији одговорна је за безбедност свих манифестација које се одвијају у оружаним снагама; маршеви, вежбе, параде, слетови, весели и тужни догађаји... Раде је учествовао у свим манифестацијама у којима је учествовала и његова јединица.

Умро је Тито. На дан када је требало да се испрати на вечни починак, Раде је поред велике туге и жалости, добио и велику одговорност, уједно и велику част. Добио је задатак и био најодговорнији за безбедност јединице која ће испалити последње почасне плотуне свом врховном команданту који одлази у вечност. Сећање на тај светски историјски догађај, поред осталог потсећа га и чаура топовског ђулета које је испаљено у почасној паљби а коју он чува и дан-данас, чаура која му служи и као трајна успомена на тај задатак, којим му је исказано поверење а на које је он поносан.

НЕУДАТА А ТРУДНА

(Пресретнути телефонски разговор)

- Тата, рећи ћу ти нешто што смо знали само брат и ја.

- Слушам те дете моје.

- Сећаш ли се када сам абортирала са петнаест година?

Тишина, нема одговора.

- Молим те тата, то не смеш да кажеш никоме, па ни мами.

Без коментара.

- Господе, да нисам абортирала ту бебу, сада би имала десет година, а ми бисмо је волели као што смо волели мог покојног брата, јер то је његова беба-тата!

Раде је спонтано и махинално ишчупао слушалицс из уређаја. То што је чуо било му је неугодно и непријатно, није могао да верује. Да ли је то могуће? На то нема одговора, јер мисли да то није истина. Волео би да то није чуо, али, истина је да је то чуо. Осетио је горак укус у устима, баш онако као кад му се повраћа.

НИ ВРУЋЕ НИ ХЛАДНО

На први поглед, неупућени би могли помислити да је задатак једноставан и лак, међутим није тако. И за професионалца-оперативца може бити сложено, што зависи од услова под којим се задатак извршава, од случајних и намерних момената, једном речју од стицаја околности.

Раде треба да задокументује посету "МИСТЕР ДОЛАРУ" која је од интереса за службу безбедности. "МИСТЕР ДОЛАР" има близу четрдесет година а већ је сед, лице румено, очи бледо плаве, уста велика, брада четвртаста. Укратко, није згодан човек.

Раде није могао ни помислити да ће га посетити прелепа девојка; привлачна плавуша са савршено обликованим цртама лица-Изабела. "МИСТЕР ДОЛАР" мисли да то неће нико знати. Особе које чипе нсдозвољене радње, знају и свесне су да их служба безбедности прати. Настоје да своје активности спроводе илегално и маскирано. Примете ли пратњу, тог тренутка одустају од планиране радње, дају до знања да су уочили пратњу и нестају у непознатом правцу, па тако оперативац остаје без доказа.

Раде сматра, да нешто најгоре што може да му се деси, то је, да на отвореном простору у мноштву људи, документује недозвољене илегалне-тајне радње и поступке страних и домаћих шпијуна и противника.

Сада се он конкретно налази на отвореном простору. Осећа се као да је окружен жалосним врбама.

Био је скромно одевен са фесом на глави. Место је погранично. Не усуђује се да приђе ближе кући "МИСТЕР ДОЛАРА" а да не буде примећен, нити пак да остане дуже а да буде не примећен. То су ти неповољни моменти који чине такав задатак сложеним.

Раде је успео да задокументује посету скривеном камером.

НЕНСИ-НЕДОВРШЕНА ПРАТЊА

Петрова Гора, Радан планина, моторизована пратња према центру пусторечког краја. Раде се пита где је дођавола нестала НЕНСИ? Није могао да се сети кад ју је изгубио из вида. У том тренутку осећа се као акробата на жици између неба и земље.

Појавила се на видику возећи поред брестовачког језера према селу Црквице. Стигла је у Бојник на бензинској пумпи, узела гориво и под будним оком моторизоване пратње, наставила пут према Лебану и преко Сијаринске бање према Косову и Метохији. Ишла је обилазним путем да завара траг. Возилом је управљао њен сапутник.

Негде испред Сијаринске бање, НЕНСИ је на коленима на задњем седишту, а Радету се чини као да га гледа и каже: "Трт Милева". Ушла је у варошицу и нестала-заметнула траг.

Ово је срање, право срање, у мајчину, спонтано Радету излете псовка.

***

Тако су сеређали задаци, све један за другим. Наведени су само неки примери, а тога је било много, много више.

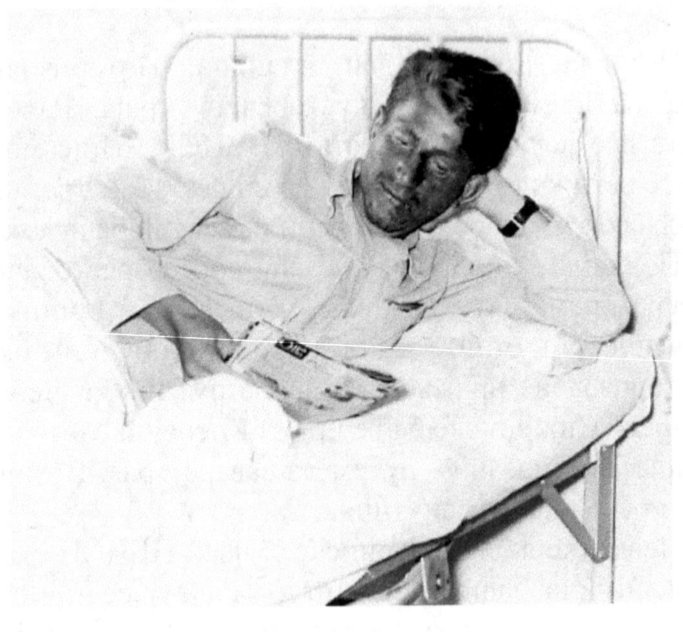

Понекад је и овакав исход у контраобавештајном раду.

НАГРАДЕ И ПРИЗНАЊА

Упоредо са све већим ангажовањем и радом на пољу безбедности и заштите армије и државе а у складу са постигнутим резултатима, понекад и брилијантним успесима, Радета су пратила и сустизала признања. Од захвалница и плакета до медаља и ордена.

Orden zasluga za narod sa srebrnom zvezdom

Orden Narodne Armije sa srebrnom zvezdom

130

Orden za vojne zasluge sa srebrnim mačevima

Orden rada sa srebrnim vencem

Medalja za vojne zasluge

НА ОСНОВУ ОДЛУКЕ САВЕЗНОГ ИЗВРШНОГ ВЕЋА
О УСТАНОВЉЕЊУ ПЛАКЕТЕ БЕЗБЕДНОСТИ
Д О Д Е Љ У Ј Е С Е

ПЛАКЕТА БЕЗБЕДНОСТИ

КАО ПРИЗНАЊЕ ЗА ИЗУЗЕТАН ДОПРИНОС У ЗАШТИТИ
САМОУПРАВНОГ СОЦИЈАЛИСТИЧКОГ ДРУШТВА,
БЕЗБЕДНОСТИ И НЕЗАВИСНОСТИ
СОЦИЈАЛИСТИЧКЕ ФЕДЕРАТИВНЕ РЕПУБЛИКЕ ЈУГОСЛАВИЈЕ,
О ЧЕМУ СЕ ИЗДАЈЕ ОВА

П О В Е Љ А

Бр. 22-5/440   1988.г.
Б Е О Г Р А Д

ПРЕДСЕДНИК
САВЕЗНОГ ИЗВРШНОГ ВЕЋА

poslednja počasna
paljba
JOSIPU BROZU TITU
8. maja 1980.
Beograd

Organizacija SKJ u JNA
dodeljuje plaketu

drugu
Stanković (Vlajka) Radivoju

za dugogodišnju aktivnost
i doprinos u radu Organizacije

ZA DVADESET GODINA SLUŽBE U
JUGOSLOVENSKOJ NARODNOJ ARMIJI

ODAJEM

PRIZNANJE

zastavnik   STAMENKOVIĆ RADIVOJE

ZA SAMOPREGORAN I ODGOVORAN
RAD U OBUCI, VASPITANJU I POLITIČ-
KOM UZDIZANJU. ZA NESEBIČAN
I DRUGARSKI ODNOS, DISCIPLINU,
STVARALAČKU AKTIVNOST NA JAČA-
NJU BORBENE GOTOVOSTI JNA, I
IZGRAĐIVANJU KONCEPCIJE OPŠTE-
NARODNE ODBRANE

K-dant
art. ppukovnik
Đuro Pavković

22. XII 1976.

ZA TRIDESET GODINA SLUŽBE U
JUGOSLOVENSKOJ NARODNOJ ARMIJI

ODAJEM

PRIZNANJE

STAMENKOVIĆ V. RADIVOJU
zast. I klase

ZA SAMOPREGORAN I ODGOVORAN
RAD U OBUCI, VASPITANJU I POLITIČ-
KOM UZDIZANJU. ZA NESEBIČAN
I DRUGARSKI ODNOS, DISCIPLINU,
STVARALAČKU AKTIVNOST NA JAČA-
NJU BORBENE GOTOVOSTI JNA, I
IZGRAĐIVANJU KONCEPCIJE OPŠTE-
NARODNE ODBRANE

POMOĆNIK
general potpukovnik
dr Svetislav Popović

22. 12. 1986. god.

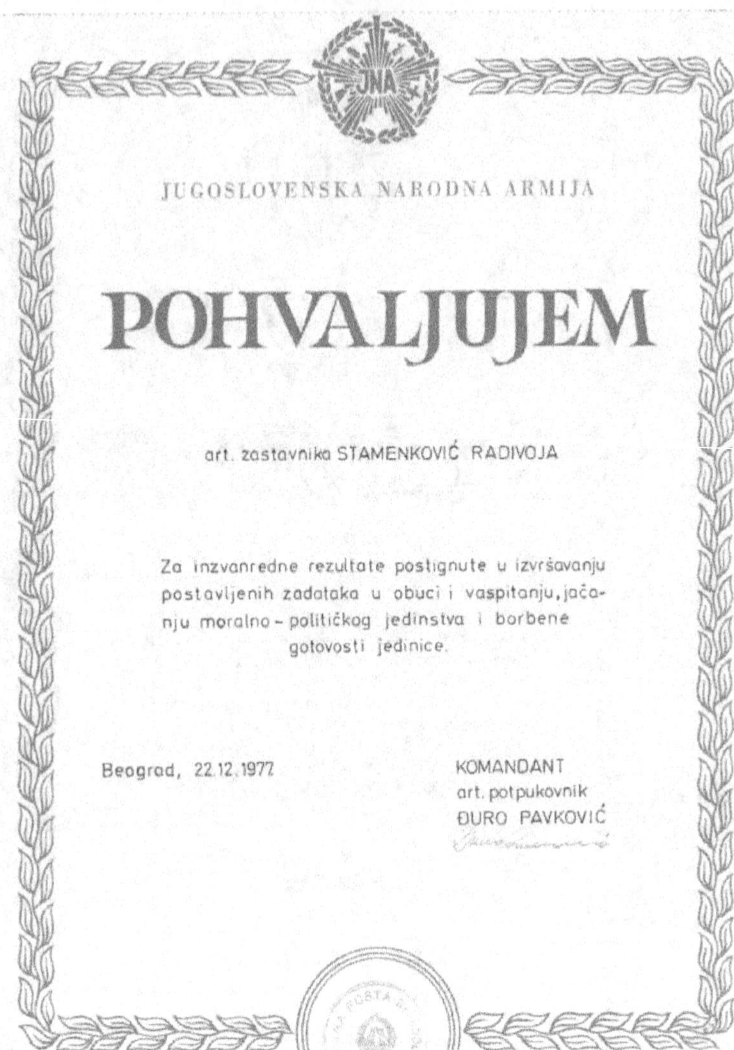

JUGOSLOVENSKA NARODNA ARMIJA

POHVALJUJEM

art. zastavnika STAMENKOVIĆ RADIVOJA

Za inzvanredne rezultate postignute u izvršavanju postavljenih zadataka u obuci i vaspitanju, jačanju moralno - političkog jedinstva i borbene gotovosti jedinice.

Beograd, 22.12.1977

KOMANDANT
art. potpukovnik
ĐURO PAVKOVIĆ

138

JUGOSLOVENSKA NARODNA ARMIJA

POHVALJUJEM

zastavnika
STAMENKOVIĆ RADIVOJA

ZA IZVANREDNE REZULTATE POSTIGNUTE
U IZVRŠAVANJU POSTAVLJENIH ZADATAKA
U OBUCI I VASPITANJU, JAČANJU
MORALNO-POLITIČKOG JEDINSTVA I
BORBENE GOTOVOSTI ORUŽANIH SNAGA SFRJ

22.12.1978 god.
BEOGRAD

KOMANDANT
major
Živka Matić

JUGOSLOVENSKA NARODNA ARMIJA

POHVALJUJEM

zast.I kl. STAMENKOVIĆ RADIVOJA

ZA IZVANREDNE REZULTATE POSTIGNUTE
U IZVRŠAVANJU POSTAVLJENIH ZADATAKA
U OBUCI I VASPITANJU, JAČANJU
MORALNO-POLITIČKOG JEDINSTVA I
BORBENE GOTOVOSTI ORUŽANIH SNAGA SFRJ

KOMANDANT
major
Milivoje Čurović

7.X 1982., Beograd

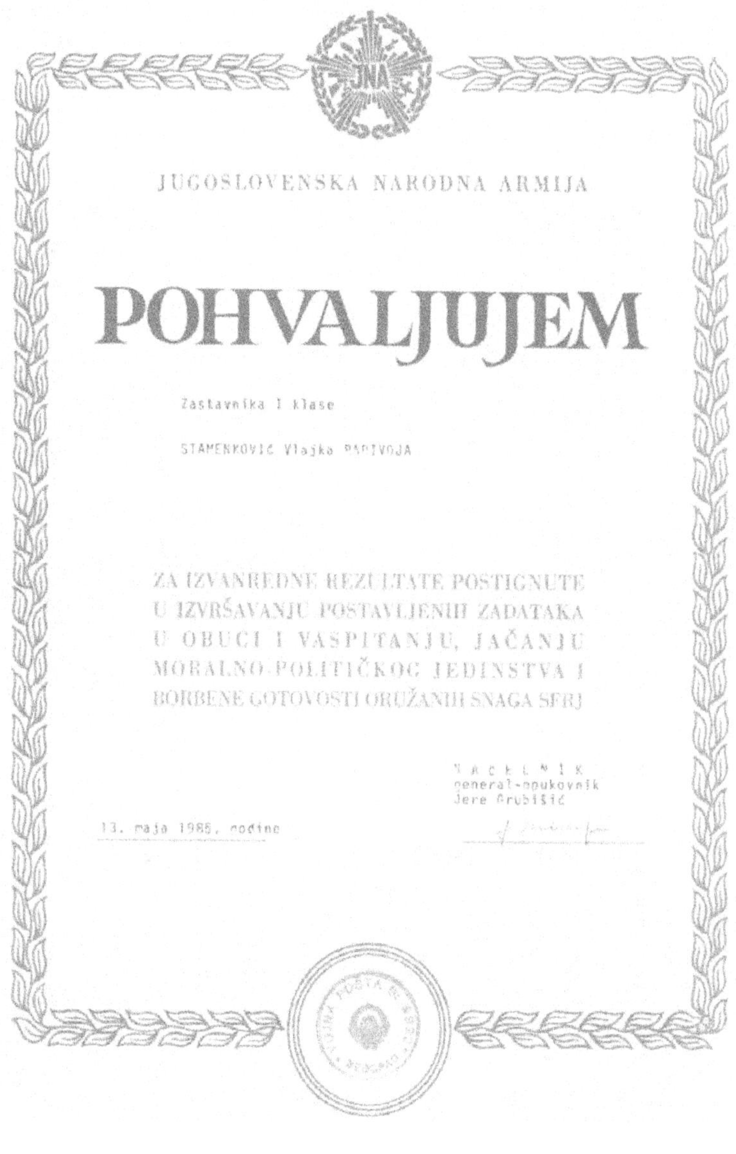

JUGOSLOVENSKA NARODNA ARMIJA

POHVALJUJEM

Zastavnika I klase

STAMENKOVIĆ Vlajka RADIVOJA

ZA IZVANREDNE REZULTATE POSTIGNUTE
U IZVRŠAVANJU POSTAVLJENIH ZADATAKA
U OBUCI I VASPITANJU, JAČANJU
MORALNO-POLITIČKOG JEDINSTVA I
BORBENE GOTOVOSTI ORUŽANIH SNAGA SFRJ

NAČELNIK
general-pukovnik
Jere Grubišić

13. maja 1986. godine

JUGOSLOVENSKA NARODNA ARMIJA
POHVALA
Radivoje Stamenković, zast.
ZA IZVANREDNO
ZALAGANJE, POSTIGNUTE
USPEHE U OBUCI,
VASPITANJU,
JAČANJU MORALNO-
POLITIČKOG
JEDINSTVA I
BORBENE GOTOVOSTI
Beograd,
22. XII 1979.
KOMANDANT
pukovnik
Staroljub Đokić

DODELJUJE

zast. I kl. STAMENKOVIĆ RADIVOJE-

ZAHVALNICU

Kao znak priznanja za dugogodišnju
uspešnu saradnju i doprinos borbenoj i
moralno-političkoj izgradnji o posebno na
planu bezbednosti i samozaštite
1. proleterskog gardijskog puka.

DANA 20. 10. 1982. g.
u Beogradu

M. P.

KOMANDANT
potpukovnik
Dorica Marković

UKAZOM
PREDSEDNIŠTVA
SOCIJALISTIČKE FEDERATIVNE REPUBLIKE JUGOSLAVIJE

BROJ *113* OD *22. decembra* 19 *88* GODINE

ZA ZASLUGE I POSTIGNUTE USPEHE U RADU
OD ZNAČAJA ZA NAPREDAK ZEMLJE

ODLIKOVAN JE

STAMENKOVIĆ Vlajka RADIVOJE
zastavnik I klase

ORDENOM RADA
SA SREBRNIM VENCEM

O ČEMU SE IZDAJE OVO UVERENJE

KANCELARIJA ORDENA

U BEOGRADU *22. decembra* 1988 GODINE

ŠEF KANCELARIJE ORDENA,

144

SVEDOČANSTVO

Čin   ST. VODNIK

STAMENKOVIĆ VLAJKA RADIVOJE

Završio je TEĆAJ ZA OSPOSOBLJAVANJE I USAVRŠAVANJE

PODOFICIRA BEZBED.   kao slušalac   V.   klase.

sa opštim uspehom   ODLIČAN   (5)

br. 34.
15. VI. 1967 godine

NAČELNIK
PEŠ. PUKOVNIK
BOGOLJUB MARJANAC

БЕЛЕШКЕ О ПИСЦУ

Војислав Стаменковић-Воја, рођен је 1932. у селу Црквице крај Лесковца.

Школовао се у Лесковцу и Београду одакле је отишао у војну Академију.

Роман "Ход по оштрици жилета" одликује се аутентичношћу. Ова књижевна истина је животна истина.

У њему су описани само неки задаци и акције које је водио главни јунак романа да би на светлост дана изашли подвизи, сналажљивост, а каткад и жртвовање здравља и живота.

Изнете су акције и резултати које контраобавештајне службе љубоморно чувају да би на њима школовали генерације контраобавештајаца.

CIP – Katalogizacija u publikaciji
Narodna biblioteka Srbije, Beograd

Војислав Стаменковић 1932-
Ход по оштрици жилета / Војислав Стаменковић.-
Београд : Удружење писаца Србије, 2010 (Београд :
Ротатива).-103 стр. : илустр. ; 21 cm

Тираж 100.

eISBN 978-86-81011-92-8

821.163.41-31

COBISS.SR-ID 174823180

www.ingramcontent.com/pod-product-compliance
Lightning Source LLC
LaVergne TN
LVHW010340200726
843507LV00010B/1578